AF218840

sukuu - школа	2
akwantuo - падарожжа	5
akɔneabadie - транспарт	8
kuro kɛseɛ - горад	10
mmɔnten so asiesie - краявід	14
adidibea - рэстаран	17
sotɔɔpɔn - супермаркет	20
nsa - напоі	22
aduane - ежа	23
afuo - сядзіба	27
efie - дом	31
asaso - жылы пакой	33
mukaase - кухня	35
adwareɛ - ванная	38
nkwadaa dan mu - дзіцячы пакой	42
ntaadeɛ - адзенне	44
asoeɛ - офіс	49
ɔman sikasɛm - эканоміка	51
nwuma ahodoɔ - прафесіі	53
anwenade - інструменты	56
nneɛma a yɛde bɔ nwom - музычныя інструменты	57
zoo - заапарк	59
agokansie - спорт	62
nwumadie - дзейнасць	63
abusua - сям'я	67
nipadua - цела	68
ayaresabea - шпіталь	72
putupru - экстраная дапамога	76
Ewiase - Зямля	77
klɔko - гадзіннік	79
nnawɔtwe - тыдзень	80
afe - год	81
abosuo - формы	83
ahosoɔ - колеры	84
abirabɔ - супрацьлегласці	85
nɔma - лічбы	88
kasa ahodoɔ - мовы	90
hwan / deɛ bɛn / ɛyɛ deɛn - хто / што / як	91
ɛhen - дзе	92

Impressum
Verlag: BABADADA GmbH, Nedderfeld 112 , 22529 Hamburg
Geschäftsführer / Verlagsleitung: Harald Hof
Druck: Books on Demand GmbH, In de Tarpen 42, 22848 Norderstedt

Imprint
Publisher: BABADADA GmbH, Nedderfeld 112 , 22529 Hamburg, Germany
Managing Director / Publishing direction: Harald Hof
Print: Books on Demand GmbH, In de Tarpen 42, 22848 Norderstedt, Germany

sukuu

школа

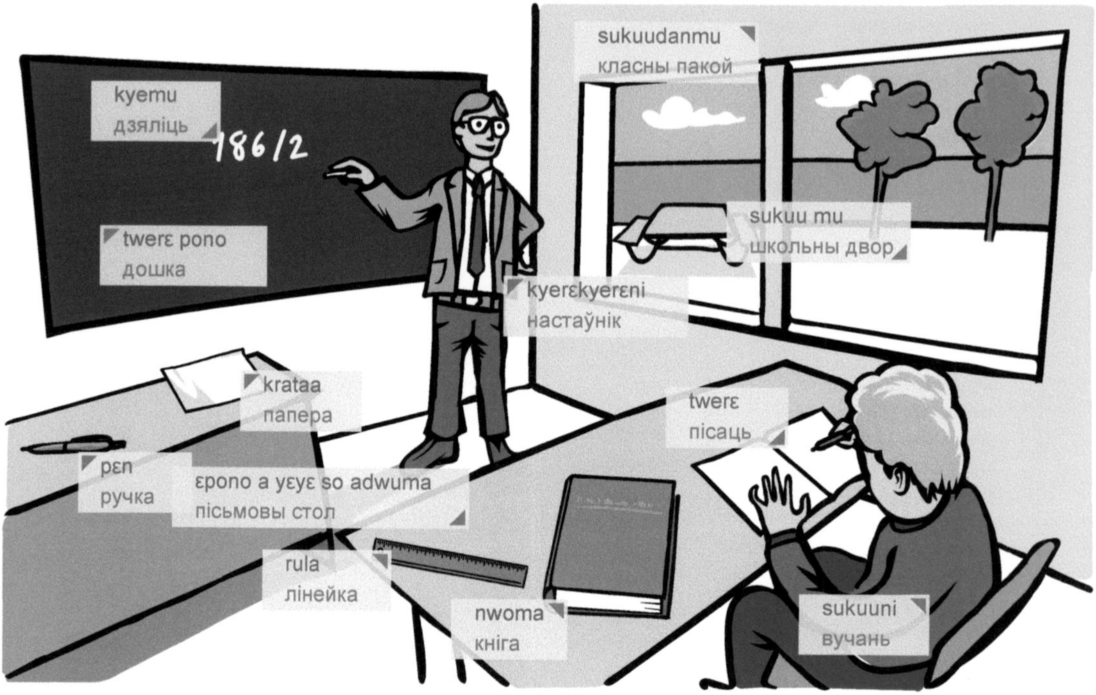

sukuudanmu
класны пакой
kyemu
дзяліць
186/2
twerɛ pono
дошка
sukuu mu
школьны двор
kyerɛkyerɛni
настаўнік
krataa
папера
twerɛ
пісаць
pɛn
ручка
ɛpono a yɛyɛ so adwuma
пісьмовы стол
rula
лінейка
nwoma
кніга
sukuuni
вучань

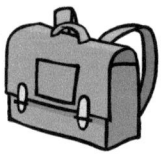

baage

ранец

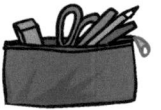

twerɛdua konko

пенал

twerɛdua

просты аловак

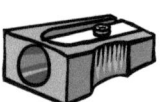

deɛ yɛde sensen twerɛdua ano

тачылка для алоўкаў

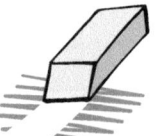

rɔba

гумка

krataa a yɛdwi adeguso

альбом для малявання

adedwie

малюнак

penti brɔhye

пэндзлік

penti adaka

фарбы

apasɔɔ

нажніцы

aman

клей

nwoma a yɛyɛ mu adwuma

сшытак

efie adwuma

хатняе заданне

12

nɔma

лік

2+2

kabom

дадаваць

5-2

te fri mu

адымаць

2×2

mmɔho

множыць

sese

лічыць

A

lɛtɛ

літара

ABCDEFG HIJKLMN OPQRSTU VWXYZ

ntwerɛeɛ

алфавіт

hello

asɛmfua

словы

ntwerɛdeɛ

тэкст

kenkan

чытаць

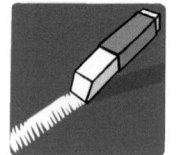

kyɔk

крэйда

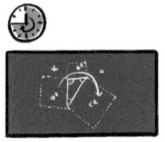

adesua

ўрок

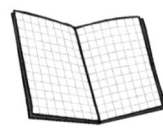

twerɛ wo din

класны журнал

nsɔhwɛ

экзамен

abodinkrataa

атэстат

sukuu ataadeɛ

школьная форма

adesua

адукацыя

nyansa nwoma

энцыклапедыя

suapɔn

універсітэт

maakroskop

мікраскоп

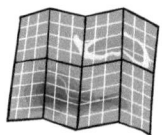

map

карта

kɛntɛn a yɛde krataa nwura
gu mu

смеццевы кошык

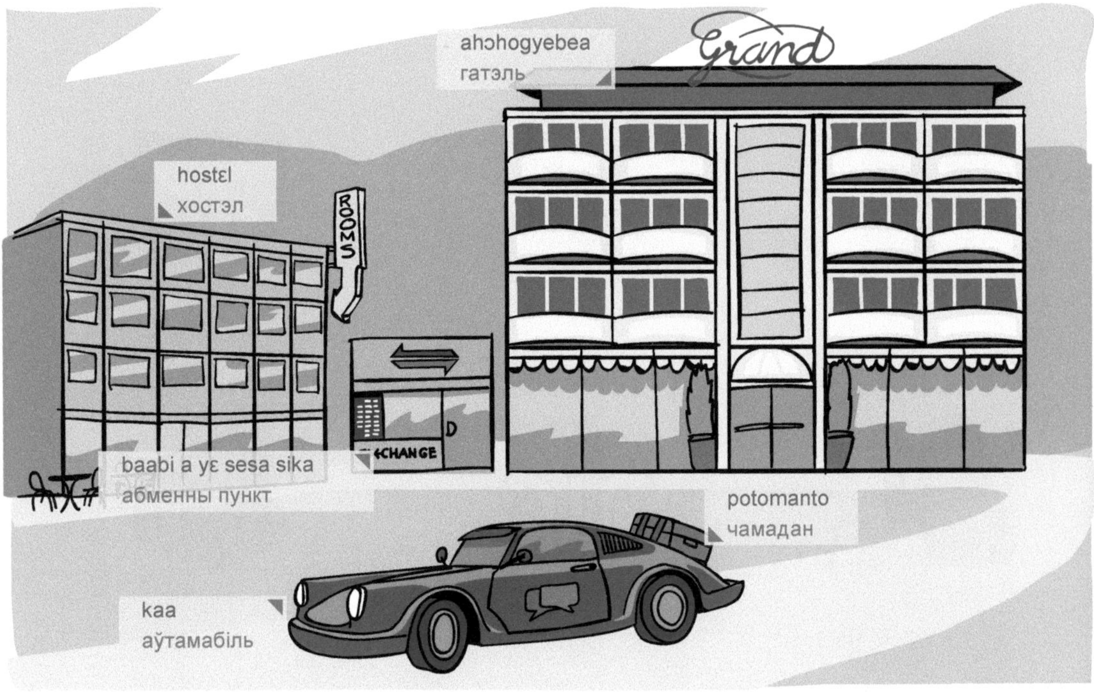

ahɔhogyebea
гатэль
Grand
hostɛl
хостэл
ROOMS
baabi a yɛ sesa sika
абменны пункт
potomanto
чамадан
kaa
аўтамабіль

kasa

мова

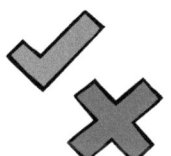

aane / dabi

так / не

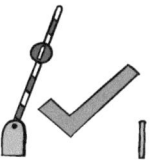

Yoo

добра

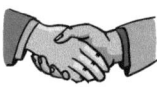

hɛlo

прывітанне!

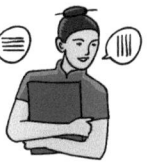

kasa asekyerɛfoɔ

перакладчык

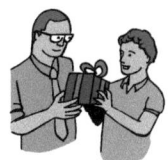

Medaase

дзякуй

...bɔɔ yɛ sɛn?

Колькі каштуе....?

Me nte aseɛ

я не разумею

ɔhaw

праблема

Maadwo!

Добры вечар!

Maakye!

Добрай раніцы!

Dayie!

Дабранач!

baibai o

да пабачэння

akwankyerɛ

кірунак

wo nneɛma

багаж

bɔtɔ

сумка

akyirebɔtɔ

заплечнік

ɔhɔhoɔ

госць

danmu

пакой

bɔtɔ a yɛda mu

спальны мяшок

ntomadan

палатка

nsɛm dema wɔn a wɔkɔ
nsrahwɛ

інфармацыя для турыстаў

mpoano

пляж

kaade a yɛde yi sika

крэдытная картка

anɔpa aduane

снеданне

awua aduane

абед

anwumerɛ aduane

вячэра

tiket

праязны білет

pegya

ліфт

stamp

паштовая марка

ɛhyeɛ so

мяжа

kutɔmfoɔ

мытня

embasi

пасольства

visa

віза

passpɔt

пашпарт

akɔneabadie

транспарт

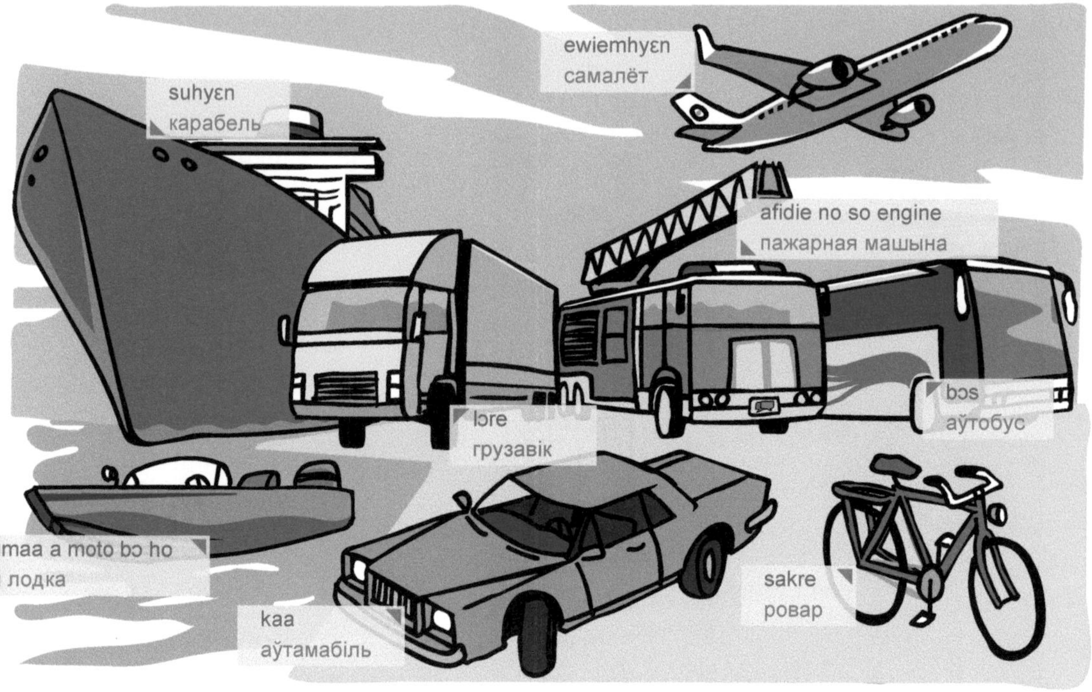
ewiemhyɛn
самалёт
suhyɛn
карабель
afidie no so engine
пажарная машына
bɔs
аўтобус
lɔre
грузавік
maa a moto bɔ ho
лодка
sakre
ровар
kaa
аўтамабіль

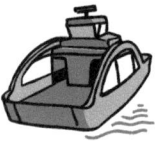

hyɛma

паром

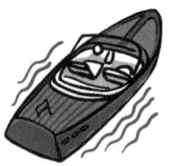

suhyɛn kumaa

лодка

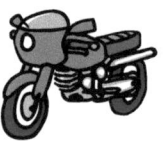

motosakre

матацыкл

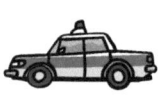

polisifoɔ kaa

паліцэйская машына

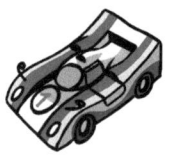

kaa a ɛkɔ mirika akansie

гоначны аўтамабіль

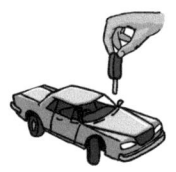

kaa a yɛde ma ahan

арэндаваны аўтамабіль

wɔre kyɛ kaa

сумеснае карыстанне аўтамабілем

lɔre a asɛɛɛ

эвакуатар

bɔɔla kaa

смеццявоз

moto

матор

pɛtro

паліва

baabi a yɛbu pɛtro

запраўка

trafik ahyɛnsodeɛ

дарожны знак

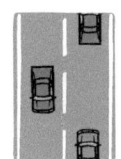

trafik

дарожны рух

trafik akye

затор

baabi a yɛde kaa esi

паркоўка

keteke gyinabea

чыгуначная станцыя

keteke kwan

рэйкі

keteke

цягнік

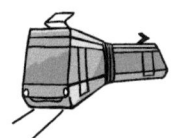

tram

трамвай

ponkɔ kaa

вагон

helikopta

верталёт

ewiemhyɛnbea

аэрапорт

abansoro

вежа

apasingyani

пасажыр

tontowa

кантэйнер

adaka

кардонная скрыня

kaate

тачка

kɛntɛn

карзіна

atu / asi fam

ўзлятаць / прызямляцца

kuro kɛseɛ

горад

akurase

вёска

kuro dwaberɛ mu

цэнтр горада

efie

дом

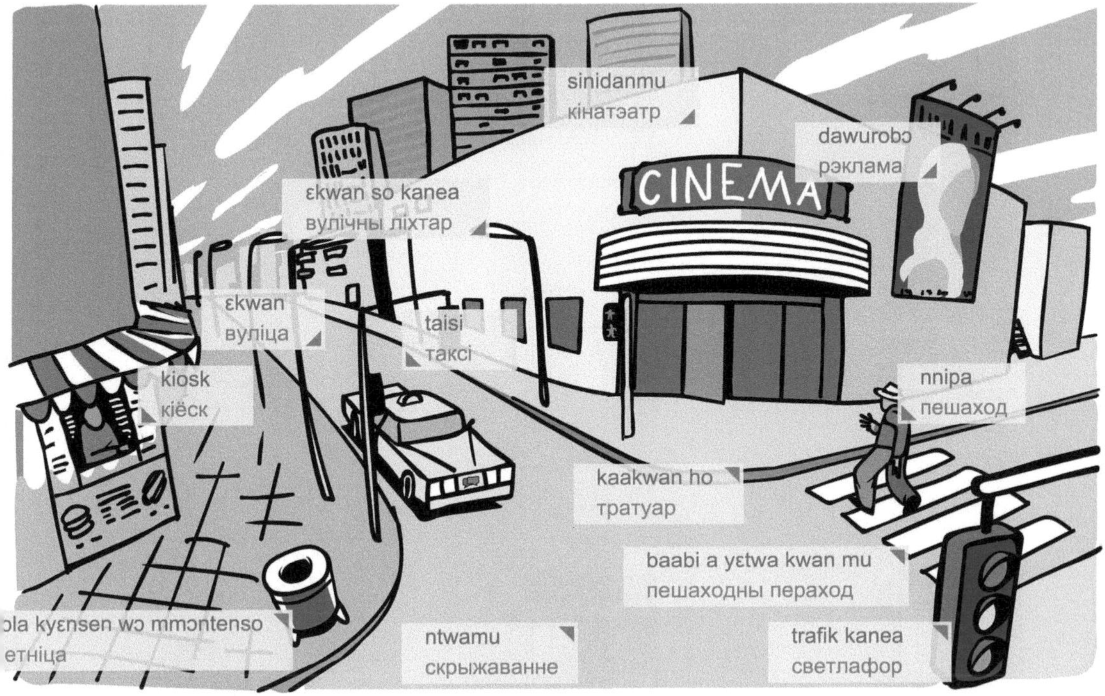
sinidanmu
кінатэатр
dawurobɔ
рэклама
ɛkwan so kanea
вулічны ліхтар
CINEMA
ɛkwan
вуліца
taisi
таксі
kiosk
кіёск
nnipa
пешаход
kaakwan ho
тратуар
baabi a yɛtwa kwan mu
пешаходны пераход
ɔla kyɛnsen wɔ mmɔntenso
етніца
ntwamu
скрыжаванне
trafik kanea
светлафор

apata

халупа

efie

кватэра

keteke gyinabea

чыгуначная станцыя

adwaberɛm

ратуша

MUSEUM

bea a yɛ kora tete nneɛma

музей

sukuu

школа

suapɔn

універсітэт

sikakrobea

банк

ayaresabea

шпіталь

ahɔhogyebea

гатэль

famasi

аптэка

asoeɛ

офіс

sotɔɔ a wɔtɔn nwoma

кнігарня

sotɔɔ

крама

baabi yɛtɔn nhwiren

кветкавая крама

sotɔɔpɔn

супермаркет

edwam

кірмаш

sotɔɔ kɛseɛ

універмаг

baabi a yɛtɔn mpataa

рыбная крама

dwadibea kɛseɛ

гандлевы цэнтр

suhyɛn gyinabea

порт

baabi kaa gyina

парк

bɛnkye

лава

ɛtwene

мост

atwedeɛ

лесвіца

asaase ase

метро

ɛbɔn

тунэль

baabi a bɔs gyina

прыпынак

nsanombea

бар

adidibea

рэстаран

lɛta adaka

паштовая скрыня

ɛkwan so akwankyerɛ

вулічны паказальнік

baabi kaa gyina ho mita

паркамат

zoo

заапарк

nsuo a yɛ dware mu

басейн

nkramodan

мячэць

afuo

сядзіба

deɛ egu mmɔnten so fi

забруджванне
навакольнага асяроддзя

asieɛ

могілкі

asɔre

царква

agodibea

пляцоўка для гульні

asɔre dan

храм

mmɔnten so asiesie

краявід

ahaban
ліст

sanbɔd
паказальнік

kwan
дарога

asaase a ɛsere wɔ so
луг

boba
камень

ɔnantefoɔ
падарожнік

dua
дрэва

asubɔnten
рака

ɛsereɛ
трава

nhwiren
кветка

amenamu

даліна

bepɔ

гара

tadeɛ

возера

kwaeɛ

лес

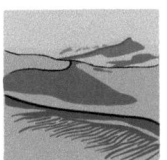

ɛserɛ so

пустыня

egya a efri botan mu

вулкан

abankɛseɛ

замак

nyankontɔn

вясёлка

emere

грыб

abɛtene

пальма

ntomntom

камар

tu

муха

ntɛtea

мурашка

wowa

пчала

ananse

павук

amankuo

жук

apɔnkyerɛni

жаба

opuro

вавёрка

apɛsɛ

вожык

adanko

заяц

patuo

сава

anomaa

птушка

nsuo mu dabodabo

лебедзь

kɔkɔte

дзік

adoa

алень

ɔtweenini

лось

dam

плаціна

wind turbine afidie

вятрак

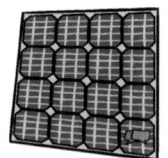

afidie a ɛkye awia

сонечная батарэя

wiem nsakraeɛ

клімат

adidibea

рэстаран

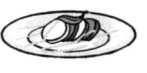

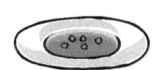

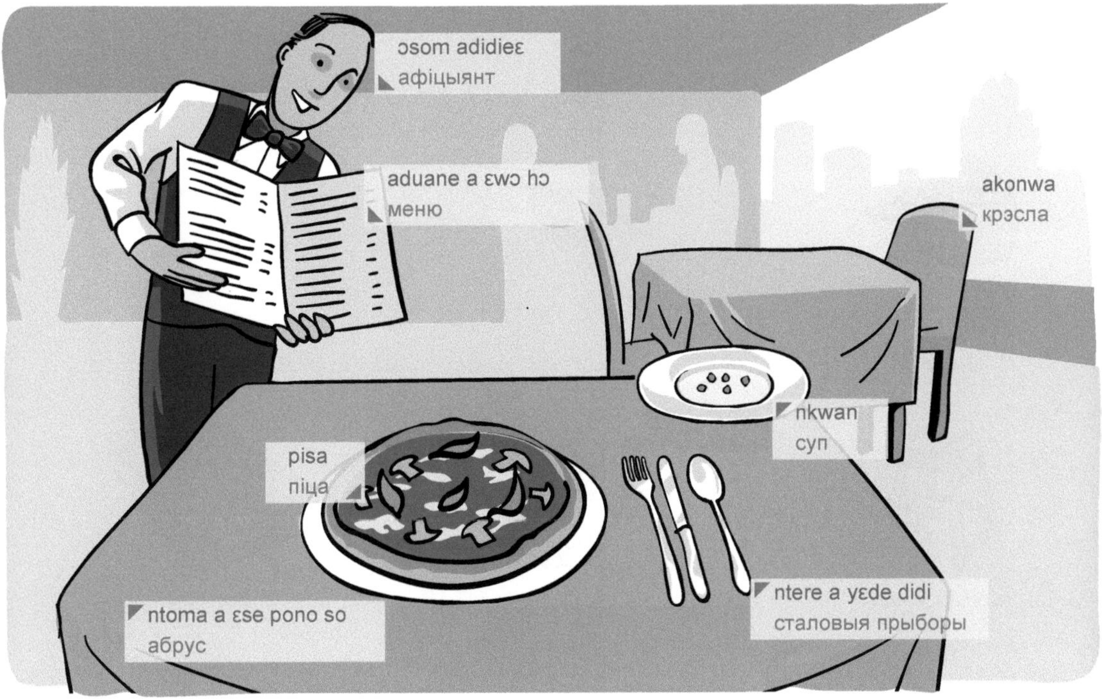
ɔsom adidieɛ
афіцыянт
aduane a ɛwɔ ɔh
меню
akonwa
крэсла
nkwan
суп
pisa
піца
ntoma a ɛse pono so
абрус
ntere a yɛde didi
сталовыя прыборы

mprampra anom

закуска

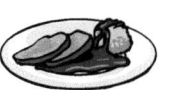

aduane no ankasa

другая страва

mpa anom

дэсерт

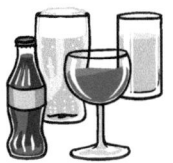

nsa

напоі

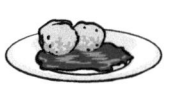

aduane

ежа

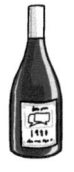

toa

бутэлька

aduane hyewhyew

хуткае харчаванне (фаст-фуд)

abɔnten so aduane

стрыт-фуд

tii kukuo

імбрык (чайнік)

asikyire konko

цукарніца

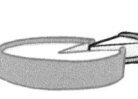

wo kyɛfa

порцыя

espresso afidie

эспрэса-машына

akonwa tenten

дзіцячае крэселка

wo ka

рахунак

apanpan

паднос

sekan

нож

adinam

відэлец

atere

лыжка

atere ketewa

чайная лыжка

napkin a yɛde pepa ano

сурвэтка

glase

шклянка

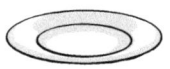

prɛte

талерка

kwan kyɛnsee

супавая талерка

prɛte ketewa

сподак

abomu

соус

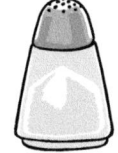

nkyene kukuo

сальніца

yɛde yam mako

млынок для перцу

fenega

воцат

anwa

алей

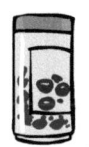

aduhwam

спецыі

kɛkyɔp

кетчуп

mustad

гарчыца

mayones

маянэз

sotɔɔpɔn

супермаркет

ntesoɔ soronko
акцыя
adetɔfoɔ
пакупнік
nanatwie nufusuo
малочныя прадукты
FOR
aduaba
садавіна
hwiili
вазок

BUTCHERS

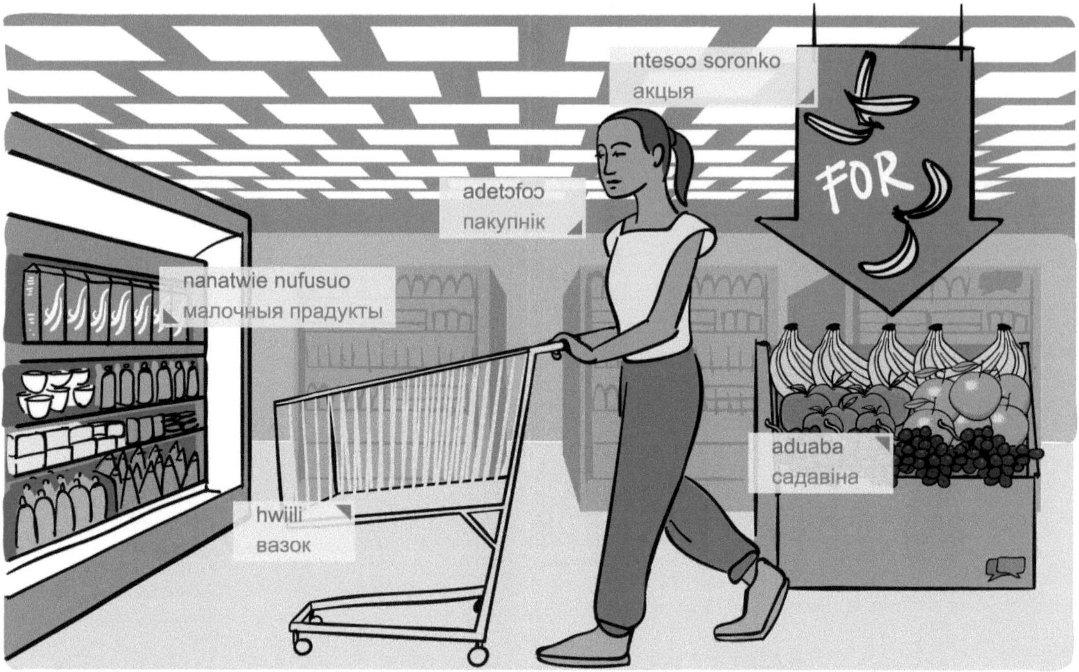

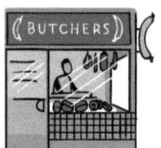

baabi a yɛtɔn nam

мясная крама

BAKERY

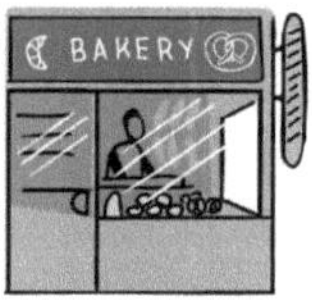

baabi a yɛtɔn paano

хлебны магазін

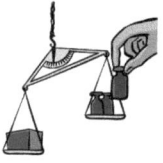

susu

важыць

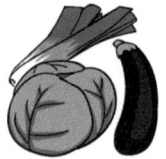

atosodeɛ

гароднiна

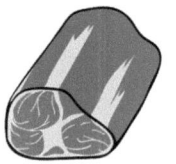

nam

мяса

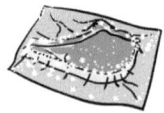

frigyemu aduane

свежазамарожаныя прадукты

nam a adwɔɔ

нарэзка

kyɛnsee mu aduane

кансервы

paoda samena

пральны парашок

adedɔkɔdɔkɔ

прысмакі

efie nneɛma

хатнія прылады

adetɔneɛ a yɛde pepa fin

чысцячы сродак

nnipa a ɔtɔn adeɛ

прадавец

afidie a egye sika

каса

ɔgyegye sika

касір

krataa a wodi rekɔ di dwa

спіс пакупак

berɛ a wɔde bua

гадзіны працы

sikabɔtɔ

бумажнік

kaade a yɛde yi sika

крэдытная картка

baage

сумка

rɔba baage

пакет

nsuo

вада

aduaba mu nsuo

сок

nufusuo

малако

kok

кола

wain nsa

віно

biya

піва

mmorosa

алкаголь

kokoo

какава

tii

гарбата (чай)

kofe

кава

espresso

эспрэса

kapukyino

капучына

kwadu

банан

apol

яблык

ankaa

апельсін

melon

дыня

akutɔɔ

лімон

karɔt

морква

garlik

часнок

pampro

бамбук

gyeene

цыбуля

mmere

грыб

nkateɛ

арэхі

talia

локшына

spageti

спагеці

εmo

рыс

salad

салата

kyipis

бульба фры

abrɔdwomaa a y'akye

смажаная бульба

pisa

піца

hambɔga

гамбургер

sanwekye

бутэрброд

nam a dompe nnim

шніцаль

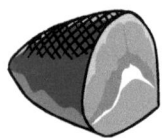

preko nam

вяндліна

nam a y'ahata

салямі

sɔsege

каўбаса

akokɔ

курыца

toto

смажаніна

apataa

рыбак

oosu koko
....
аўсяныя камякі

muesli
....
мюслі

konflese
....
кукурузныя шматкі

esam
....
мука

krossant
....
круасан

paano a y'abobɔ
....
булачка

paano
....
хлеб

paano a y'atoto
....
тост

biskete
....
пячэнне

bɔta
....
масла

nufusuo a ada
....
тварог

keeke
....
пірог

kosua
....
яйка

kosua a y'akyeɛ
....
яечня

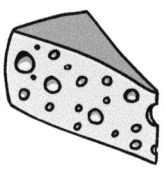

kyiis
....
сыр

asskrim

марожанае

asikyire

цукар

ɛwoɔ

мёд

gyaam

варэнне

kyokolete

нуга

kɔri

кары

afuo
сядзіба

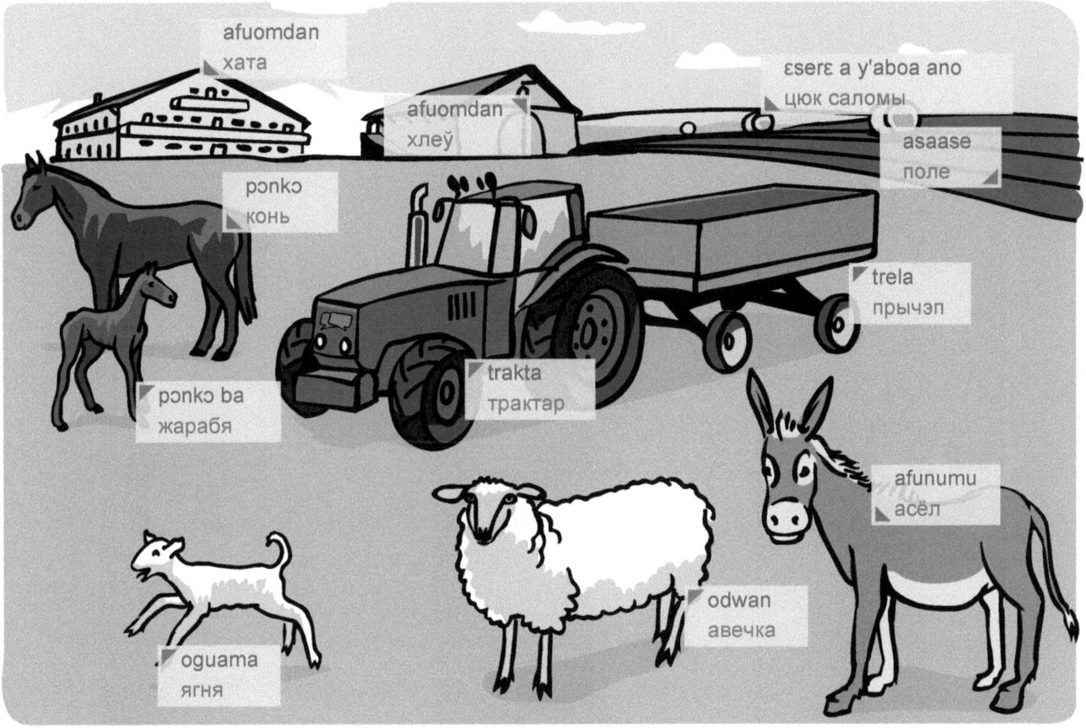

afuomdan
хата
afuomdan
хлеў
ɛserɛ a y'aboa ano
цюк саломы
asaase
поле
pɔnkɔ
конь
trela
прычэп
pɔnkɔ ba
жарабя
trakta
трактар
afunumu
асёл
odwan
авечка
oguama
ягня

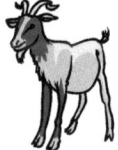

apɔnkye

каза

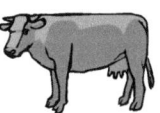

nantwie

карова

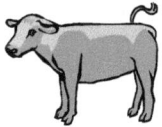

nantwie ba

цяля

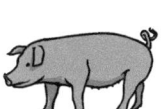

prɛko

свіння

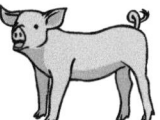

prɛko ba

парася

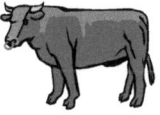

nantwinini

бык

dabodabo nua

гусак

dabodabo

качка

akokɔba

кураня

akokɔbedeɛ

курыца

akokɔnini

певень

kusie

пацук

ɔkra

кот

akura

мыш

nantwinini

вол

kraman

сабака

kraman buo

сабачая будка

afuom drobɛn

садовы шланг

tontora a yɛde gu nsuo

палівачка

sekan a yɛde twa aburo

каса

funtum dadeɛ

плуг

kɔntɔnkrɔ

серп

asɔ

матыка

afuom adinam

вілы для гною

akuma

сякера

hweebaro

тачка

adidika

карыта

nufusuo konko

бітон для малака

bɔtɔ

мех

ɛban

плот

pɔnkɔ dan

хлеў

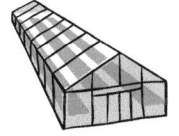

ntomadan a yɛyɛ mu afuo

цяпліца

anwea

глеба

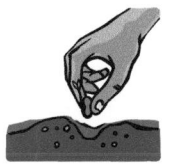

aba

насенне

ɔyɛ asaaseyie

угнаенне

otwaberɛ trakta

камбайн

twa

збіраць ураджай

otwaberɛ

ураджай

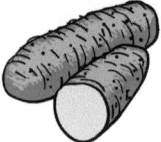

bayerɛ

ямс

ayuo

пшаніца

soya

соя

abrɔdwomaa

бульба

aburo

кукуруза

repu aba

рапс

dua a ɛso aba

садовае дрэва

bankye

маніёк

aburo asefoɔ

збожжа

efie

дом

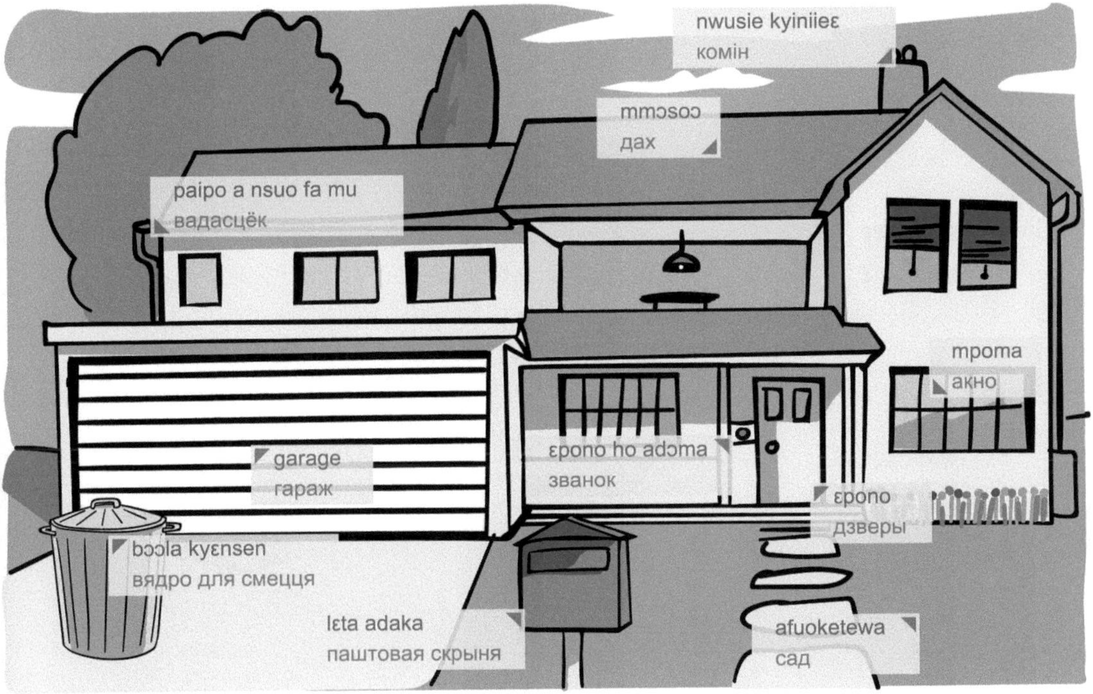
nwusie kyiniieɛ
комін
mmɔsoɔ
дах
paipo a nsuo fa mu
вадасцёк
mpoma
акно
ɛpono ho adɔma
званок
garage
гараж
ɛpono
дзверы
bɔɔla kyɛnsen
вядро для смецця
lɛta adaka
паштовая скрыня
afuoketewa
сад

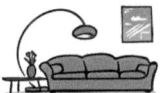

asaso
жылы пакой

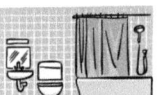

adwareɛ
ванная

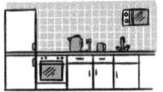

mukaase
кухня

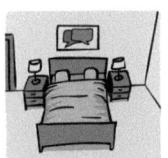

pie mu
спальны пакой

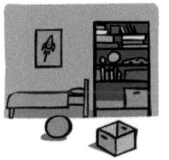

nkwadaa dan mu
дзіцячы пакой

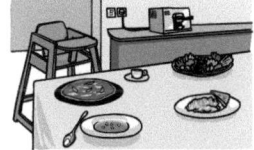

dan a yɛdidi mu
сталоўка

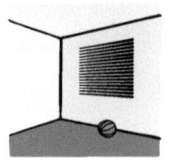

εfam

падлога

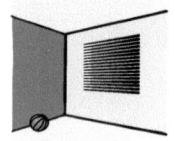

εban

сцяна

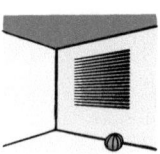

abruuso

столь

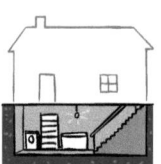

danbloo

падвал

adwereε a εbɔ ɔhyew

саўна

abranaa

балкон

abranaaso

тэраса

nsuo a yεdware mu

басейн

afidie a yεde dɔ

касілка

nsεfam

падкоўдранік

ntoma a εse kεtε so

коўдра

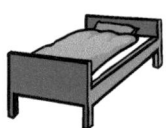

mpa

ложак

prayε

венік

bokiti

вядро

dane

выключальнік

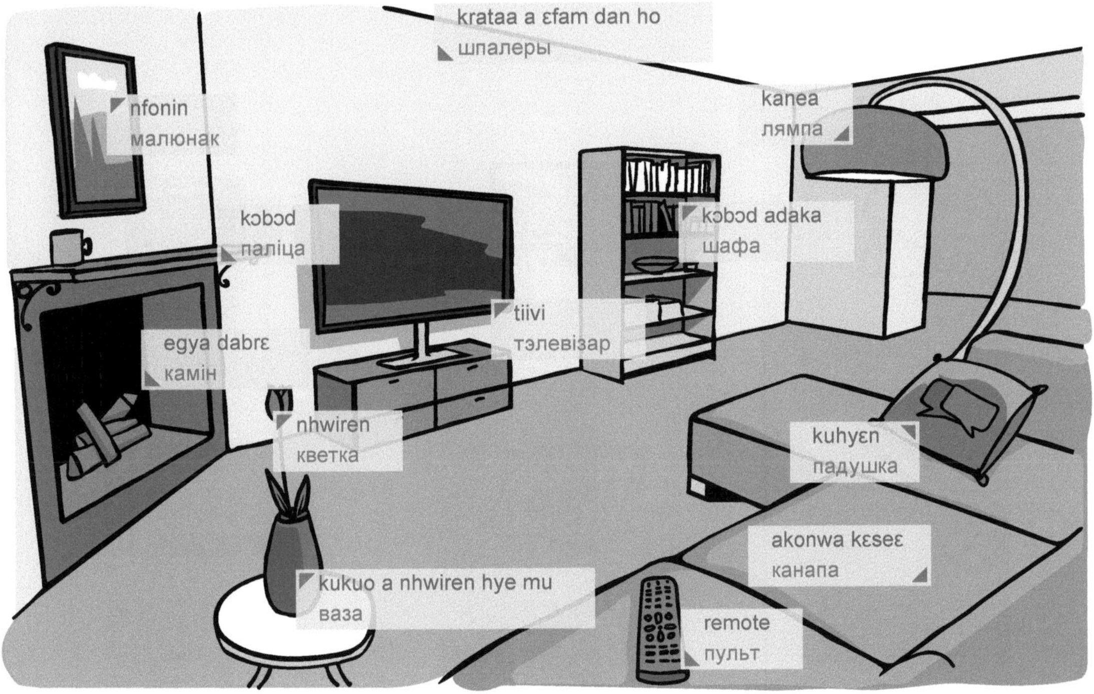

krataa a ɛfam dan ho
шпалеры

nfonin
малюнак

kanea
лямпа

kɔbɔd
паліца

kɔbɔd adaka
шафа

egya dabrɛ
камін

tiivi
тэлевізар

nhwiren
кветка

kuhyɛn
падушка

akonwa kɛseɛ
канапа

kukuo a nhwiren hye mu
ваза

remote
пульт

kapɛte
дыван

ntwaa dan mu
фіранка

ɛpono
стол

akonwa
крэсла

akonwa a ehinhim
крэсла-качалка

akonwa a yɛgyegye dan
крэсла

nwoma

кніга

kuntu

коўдра

dan mu nsiesie

дэкарацыя

egya

дровы

sini

кіно

wailɛs

стэрэасістэма

safoa

ключ

koowaa krataa

газета

nfonin a y'adwi

карціна

nfam danho

постар

radio

радыё

krataa a yɛ twere mu

нататнік

afidie a ɛprapra

пыласос

kaktus

кактус

kyɛnere

свечка

mukaase

кухня

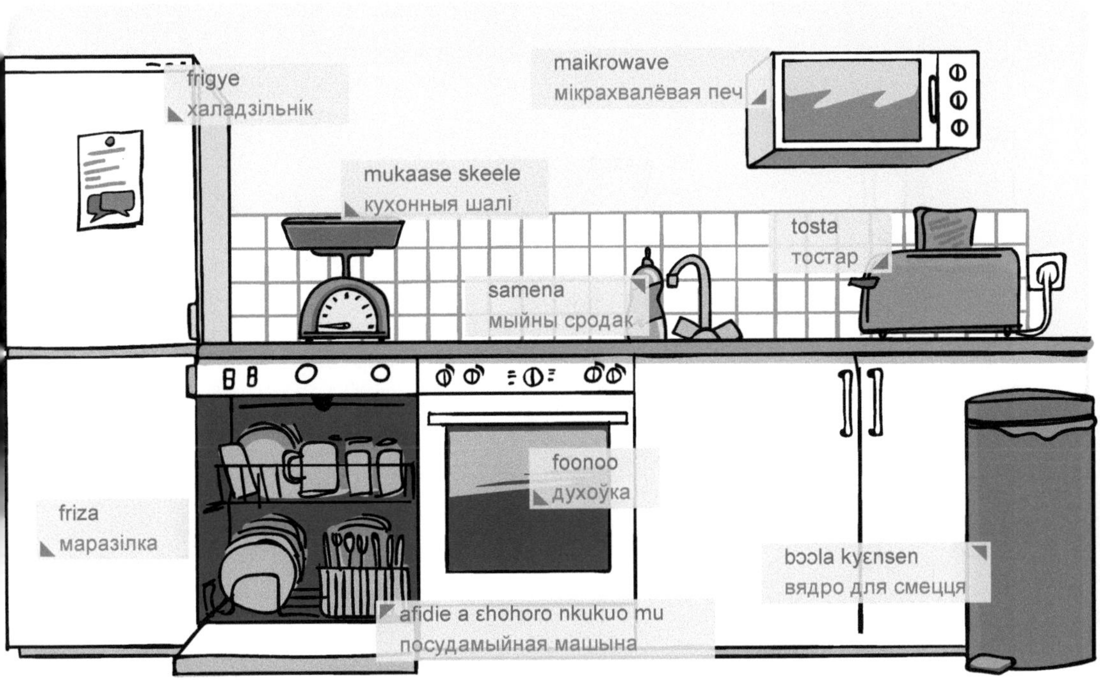
frigye
халадзільнік
maikrowave
мікрахвалёвая печ
mukaase skeele
кухонныя шалі
tosta
тостар
samena
мыйны сродак
friza
маразілка
foonoo
духоўка
bɔɔla kyɛnsen
вядро для смецця
afidie a ɛhohoro nkukuo mu
посудамыйная машына

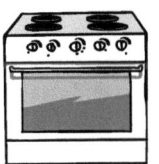

abɛɛfo bukyea
пліта

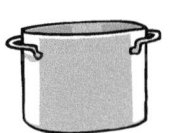

kokuo
рондаль

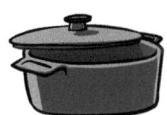

dadesɛn
чыгунок

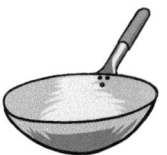

wok / kadai
Вок / кадаі

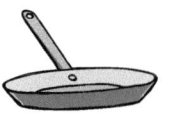

kyɛnsee
патэльня

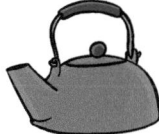

nsuo hyeɛ afidie
чайнік

stiima

параварка

apa a yɛ to so adeɛ

бляха

prɛte, kuruwa, ntere ne nea
ɛkeka ho

посуд

kuruwa a etumi bɔ

кубак

kyɛnsee

міска

nnua a yɛde didi

палачкі для ежы

kwantre

чарпак

dua atere

лапатачка

yɛde nu adeɛ mu

збівалка

sɔneɛ

сіта для варэння

fefe

сіта

greta

тарка

waduro

ступка

kyinkyinga

грыль

bukyea

вогнішча

εpono a yε twitwaso adeε
....
дошка

εta
....
качалка

deε yεtu nsa so
....
штопар

konko
....
бляшанка

deε yεde bue konko so
....
адкрывалка

yεde sɔ kukuo mu
....
прыхваткі

sink
....
ракавіна

brɔhye
....
шчотка

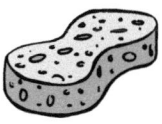

sapɔ
....
губка

aduane yam fidie
....
міксер

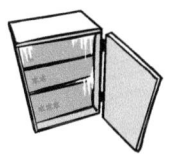

friza nini
....
маразільная камера

toa a abɔdoma nom ano
....
бутэлечка

paipo
....
вадаправодны кран

adwareɛ

ванная

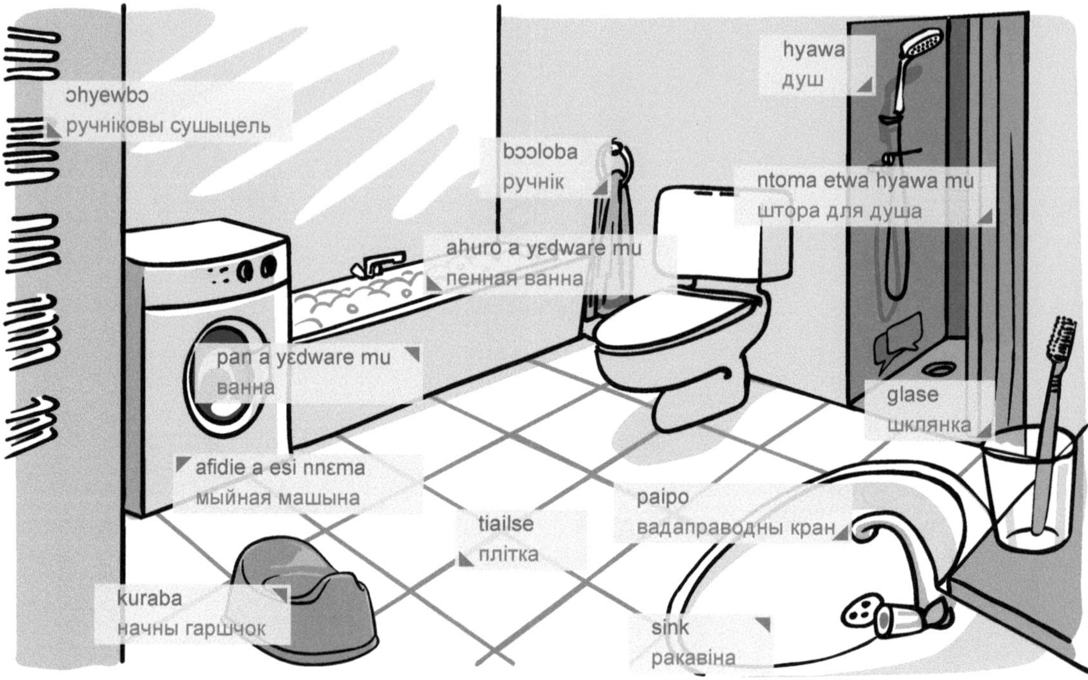

ɔhyewbɔ
ручніковы сушыцель
bɔɔloba
ручнік
hyawa
душ
ntoma etwa hyawa mu
штора для душа
ahuro a yɛdware mu
пенная ванна
pan a yɛdware mu
ванна
glase
шклянка
afidie a esi nnɛma
мыйная машына
paipo
вадаправодны кран
tiailse
плітка
kuraba
начны гаршчок
sink
ракавіна

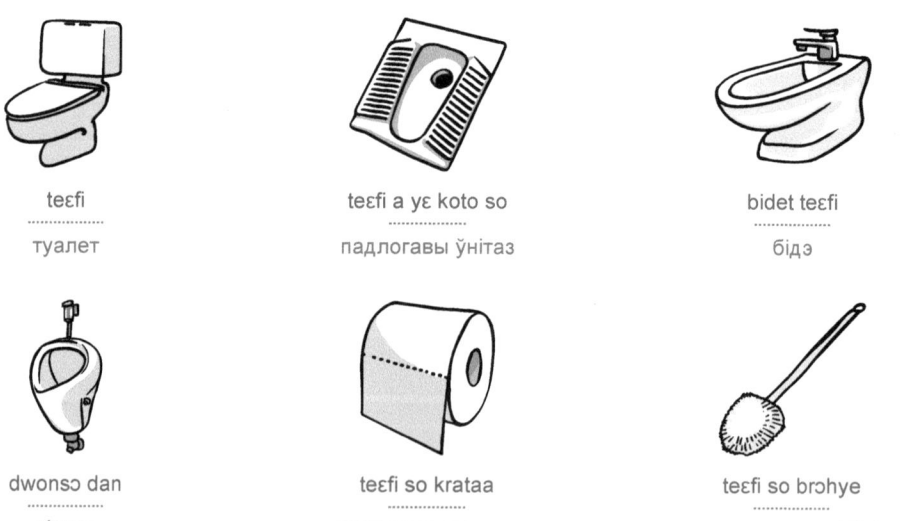

teɛfi

туалет

teɛfi a yɛ koto so

падлогавы ўнітаз

bidet teɛfi

бідэ

dwonsɔ dan

пісуар

teɛfi so krataa

туалетная папера

teɛfi so brɔhye

шчотка для чысткі ўнітаза

brɔhye a yɛde twitwiri see

зубная шчотка

aduro a yɛde twitwiri see

зубная паста

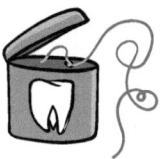

yɛde yiyi ɛsee mu

зубная нітка

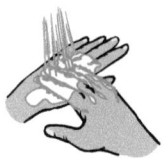

si

мыць

hyawa a yɛsɔ mu

ручны душ

paipo a yɛde hohoro ananmu

інтымны душ

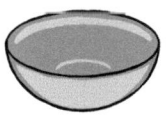

bokiti

умывальнік

brɔhye a wode dware w'akyi

шчотка для спіны

samena

мыла

hyawa samena

гель для душа

nsuo samena

шампунь

flanɛl ntoma

вяхотка

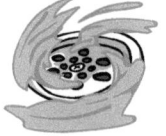

baabi a nsu fa pue

вадасцёк

nku

крэм

yɛde fefa amotoamu

дэзадарант

ahwehwɛ

люстэрка

ahwehwɛ a yɛsɔ mu

касметычнае люстэрка

bled

станок для галення

ahuro a yɛde yi nwi

пена для галення

aduro a yɛde fefa baabi a
wo ayi nwi

ласьён пасля галення

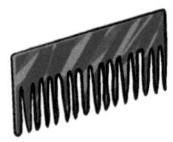

afen

грэбень

brɔhye

шчотка

afidie a ɛwo nwi

фен

enwi sopre

лак для валасоў

pɔns

касметыка

lipstike

памада

penti a yɛde mɔreɛ so

лак для пазногцяў

asaawa

вата

apasoɔ a etwa mmɔreɛ

манікюрныя нажніцы

aduhwam

духі

adwareɛ baage
....
касметычка

edwa
....
табурэтка

skele
....
вагі

adwereɛ ataadeɛ
....
лазневы халат

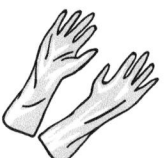

rɔba a yɛde hyɛ nsa ho
....
санітарныя пальчаткі

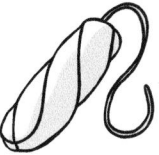

tampon
....
тампон

abɛɛfo amonsen
....
гігіенічныя пракладкі

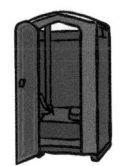

teɛfi a aduro gum
....
біятуалет

nkwadaa dan mu

дзіцячы пакой

klɔk a ɛbɔ nkaeɛ
будзільнік
kyoobi
мяккая цацка
toi kaa
цацачная машынка
akasaa
бразготка
broniba dan
лялечны домік
seeseiara
падарунак

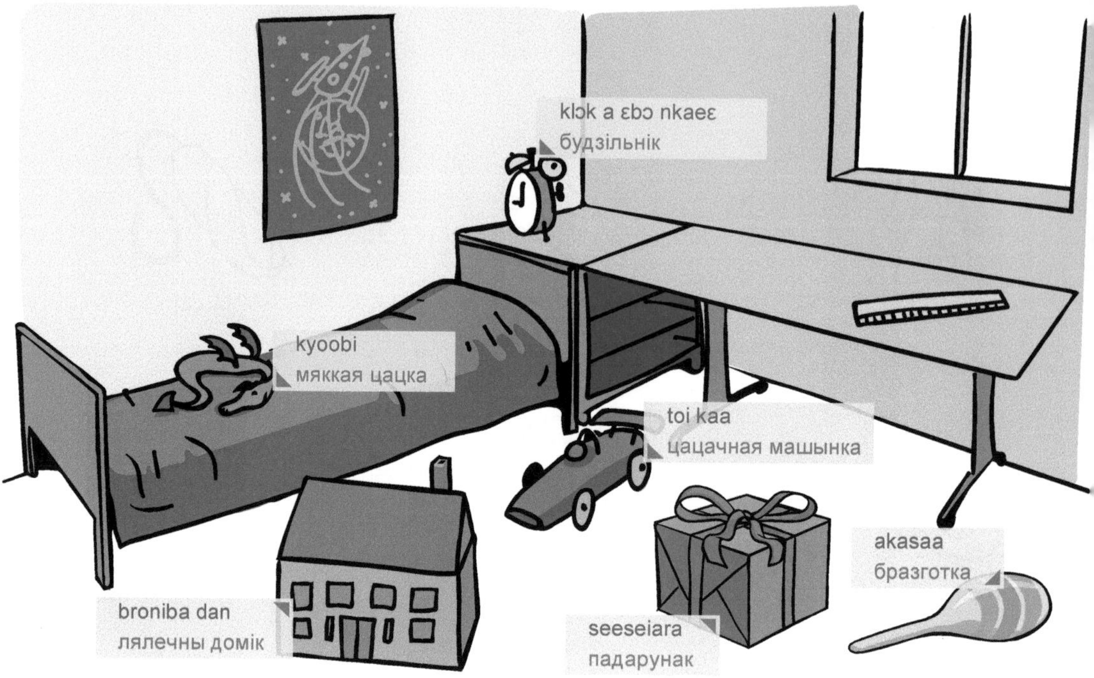

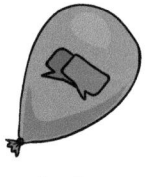

baaluu
надзіманы шарык

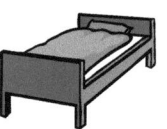

mpa
ложак

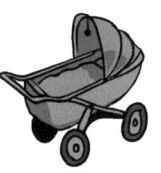

nkwadaa kaa
дзіцячая каляска

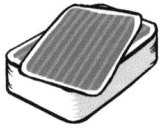

sopaa
калода картаў

gyiksɔɔ
пазл

SUPER
MEGA

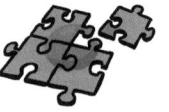

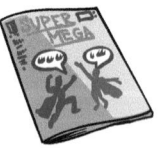

nsɛnkwa
комікс

lego blɔg

канструктар "Лега"

blɔg a yɛde si dan

канструктар

abɔdoma ataadeɛ

дзіцячы гарнітур

frisbee

фрызбі

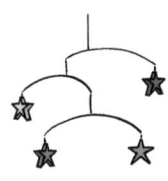

mobail

дзіцячы мабіль

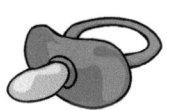

ponoso agodie

настольная гульня

daahye

кубік

nkwadaa keteke

дзіцячая чыгунка

koliko

пустышка

apontɔɔ

дзіцячае свята

nfonin nwoma

кніга з малюнкамі

bɔɔlo

мячык

broniba

лялька

di agorɔ

гуляцца

anwea adaka

пясочніца

adonko

арэлі

tois

цацкі

video agodie apaawa

гульнявая відэа прыстаўка

sakre a ne nan mεnsa

трохколавы ровар

kyoobi

плюшавы мішка

wɔdropo

шафа

ntaadeε

адзенне

sɔks

шкарпэткі

stokens

панчохі

sekentait

калготкі

duku
шалік

kyiniєє
парасон

t-hyєєt
цішотка

bєlєte
рамень

mpaboa
боты

kyalewate
пантоплі

kamboo
красоўкі

asopatre
сандалі

mpoboa
абутак

rɔba mpaboa
гумовыя боты

єtam
трусы

bra
бюстгальтар

singlєte
майка

nipadua

бодзі

trɔsa

штаны

gyins

джынсы

sekɛɛt

спадніца

ɛsoro ataadeɛ

блузка

hyɛɛte

кашуля

nkatoho a ɛko awɔ

джэмпер

hoodie

талстоўка

koot

блэйзер

nkatasoɔ

куртка

nkatasoɔ

паліто

nsutɔ mu nkataho

дажджавік

dwumadie bi ho ataadeɛ

касцюм

mmaa atadeɛ

сукенка

ayefrɔ ataadeɛ

вясельная сукенка

kootu

касцюм

mmaa ataadeɛ a yɛde da

начная сарочка

pigyamas ataadeɛ

піжама

sari

сары

duku

хустка

abotire

цюрбан

burka

паранджа

kaftan

каптан

nkramofoɔ mmaa atadeɛ

Абая

ataadeɛ a yɛde dware nsuo

купальнік

asenemu ataadeɛ

плаўкі

nika

шорты

agokansie ntaadeɛ

спартыўны касцюм

akatasoɔ

фартух

nsa nkataho

пальчаткі

bɔtom

гузік

sopɛɛse

акуляры

ahwneɛ

бранзалет

komadeɛ

каралі

kawa

кальцо

asomadeɛ

завушніца

ɛkyɛ

кепка

yɛde koot sɛn so

вешалка

ɛkyɛ

капялюш

abɔmene mu

гальштук

zip

маланка

ɛkyɛ denden

шлем

bresis

падцяжкі

sukuu ataadeɛ

школьная форма

adwuma ataadeɛ

уніформа

mmɔfra bib

нагруднік

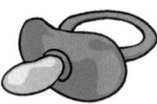

koliko

пустышка

nkwadaa napken

падгузнік

asoeɛ

офіс

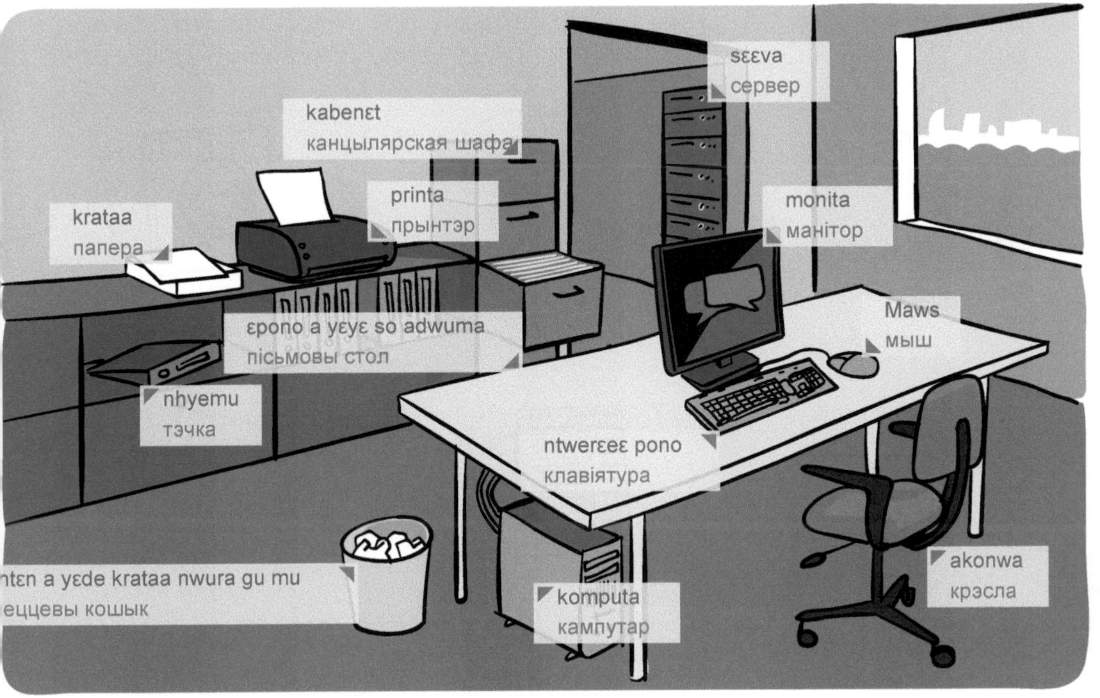

sɛɛva
сервер

kabenɛt
канцылярская шафа

printa
прынтэр

monita
манітор

krataa
папера

ɛpono a yɛyɛ so adwuma
пісьмовы стол

Maws
мыш

nhyemu
тэчка

ntwerɛɛɛ pono
клавіятура

ntɛn a yɛde krataa nwura gu mu
еццевы кошык

komputa
кампутар

akonwa
крэсла

kɔfe kuruwa

кубак для кавы (філіжанка)

akontabuo fidie

калькулятар

intanɛt

інтэрнэт

laptop

ноўтбук

lɛta

ліст

nkratɔɔ

паведамленне

mobail kasafidie

мабільны тэлефон

nɛtwɛke

сетка

fotokɔpi

ксеракс

softwɛɛ

праграмнае забеспячэнне

tetefon

тэлефон

sɔkɛt

разетка

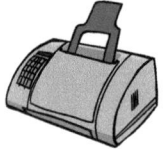

faks afidie

факс

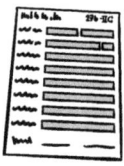

katraa

фармуляр

nkrataa

дакумент

tɔ

купляць

tua

плаціць

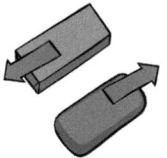

di dwa

гандляваць

sika

грошы

USD

dollar

долар

EUR

euro

еўра

JPY

yen

ена

RUB

rubel

рубель

CHF

Swiss franks

франк

CNY

renminbi yuan

кітайскі юань

INR

rupii

рупія

baabi yɛtua sika

банкамат

baabi a yɛ sesa sika

абменны пункт

sika kɔkɔɔ

золата

dwetɛ

срэбра

now

нафта

ahooden

энергія

ne bɔɔ

цана

kontragye

кантракт

ɛtoɔ

падатак

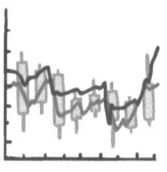

stɔk

акцыя

adwuma

працаваць

adwumayɛni

служачы

adwumawura

працадаўца

mfididwuma mu

фабрыка

sotɔɔ

крама

nwuma ahodoɔ

прафесіі

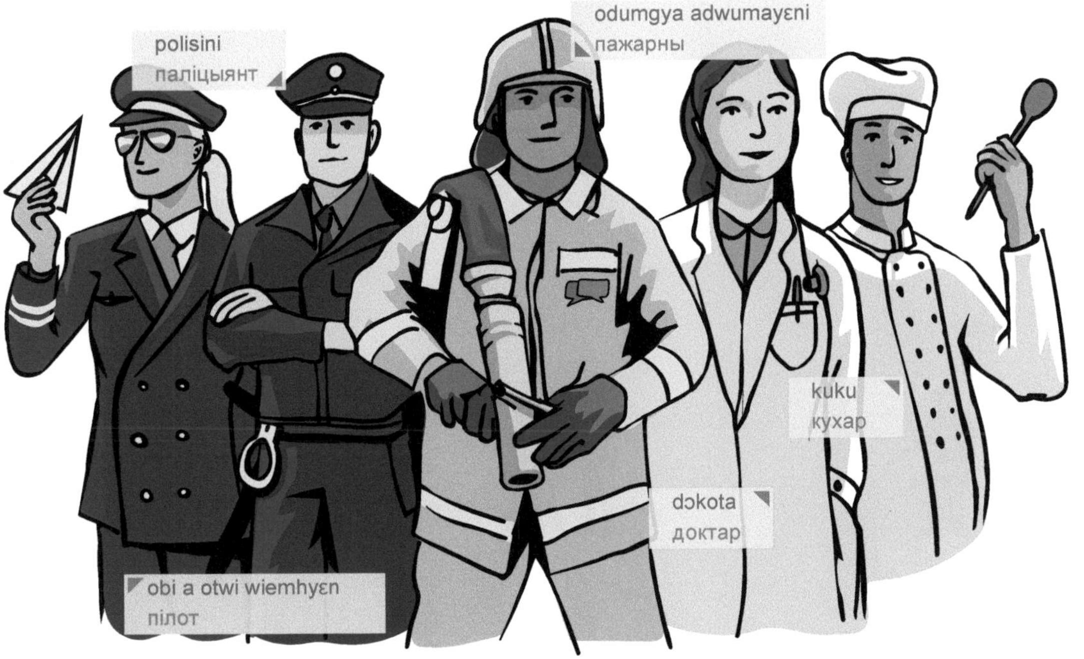

polisini
паліцыянт
odumgya adwumayɛni
пажарны
kuku
кухар
dɔkota
доктар
obi a otwi wiemhyɛn
пілот

ɔyɛ afuo

садоўнік

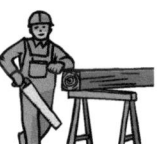

dua dwomfoɔ

слесар

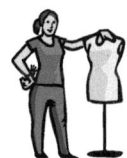

adepani baa

швачка

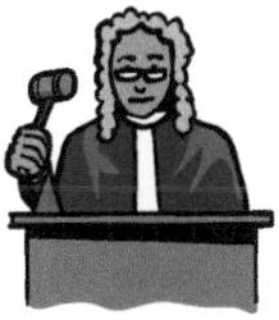

atɛnmuafoɔ

суддзя

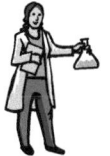

ɔtɔn nnuro

хімік

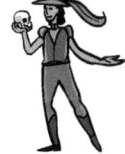

sini yɛfoɔ

артыст

bɔs drɔba

кіроўца аўтобуса

taisi drɔba

таксіст

ɔpofoɔ

рыбак

ɔbaa a osiesie fie

прыбіральшчыца

ɔbɔdanso

страхар

ɔsom adidieɛ

афіцыянт

bɔmɔfoɔ

паляўнічы

penta

мастак

ɔto paano

пекар

ɔyɛ nkaneɛ ho adwuma

электрык

ɔdansifoɔ

будаўнік

inginia

інжынер

ɔdwa nam

мяснік

plɔmba

сантэхнік

krataa manefoɔ

паштальён

sogyani

салдат

ɔdwi adan

архітэктар

ɔgyegye sika

касір

ɔtɔn nhwiren

фларыст

ɔyɛ tire

цырульнік

meeti

кандуктар

fitani

механік

nnipa a otwi suhyɛn

капітан

ɛsee dɔkota

стаматолаг

abɔdeɛ mu nimdefoɔ

вучоны

rabi

рабін

kramo panin

імам

ɔsɔfo

манах

osɔfo

святар

anwenade
інструменты

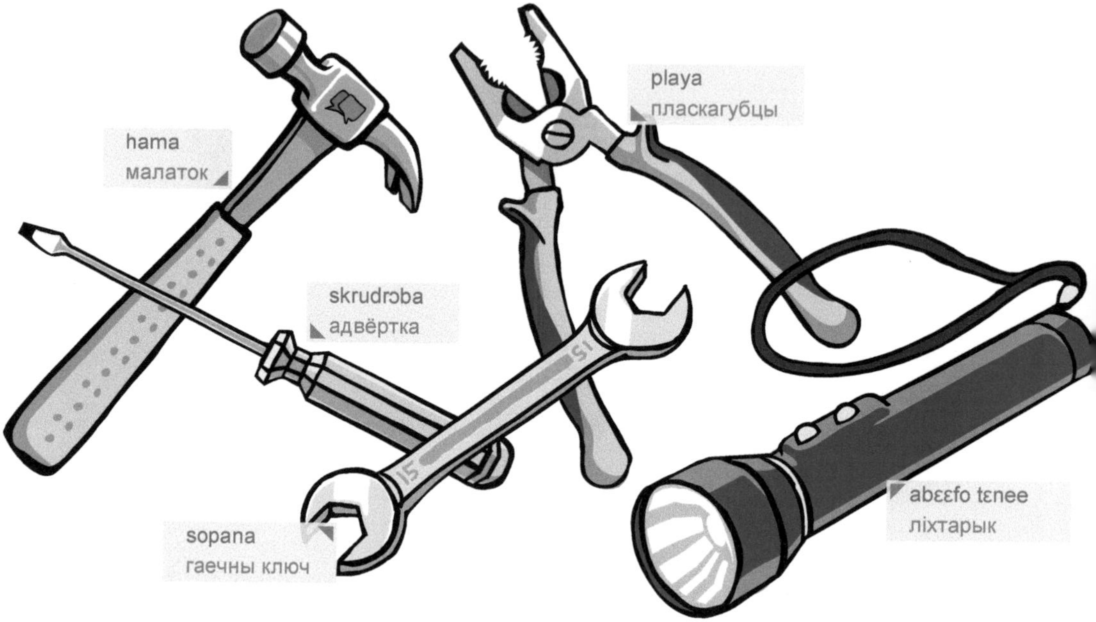
hama
малаток
playa
пласкагубцы
skrudrɔba
адвёртка
sopana
гаечны ключ
abɛɛfo tɛnee
ліхтарык

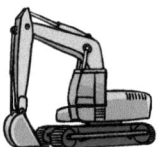

otu amena
экскаватар

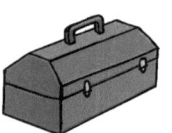

anwenade adaka
скрыня для інструментаў

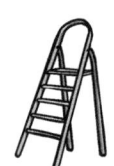

atwedeɛ
дравіны

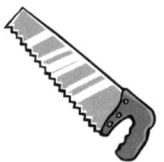

asradaa
піла

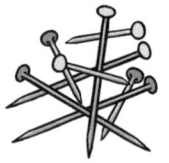

nnadewa
цвікі

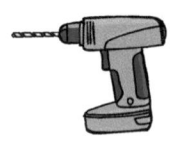

afidie a yɛde bɔne tokro
дрыль

siesie

рамантаваць

sofi

рыдлеўка

Ebei!

Халера!

asanwura

шуфлік для смецця

penti kukuo

вядро з фарбаю

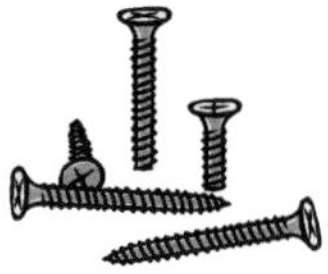

skruu

балты

nneɛma a yɛde bɔ nwom

музычныя інструменты

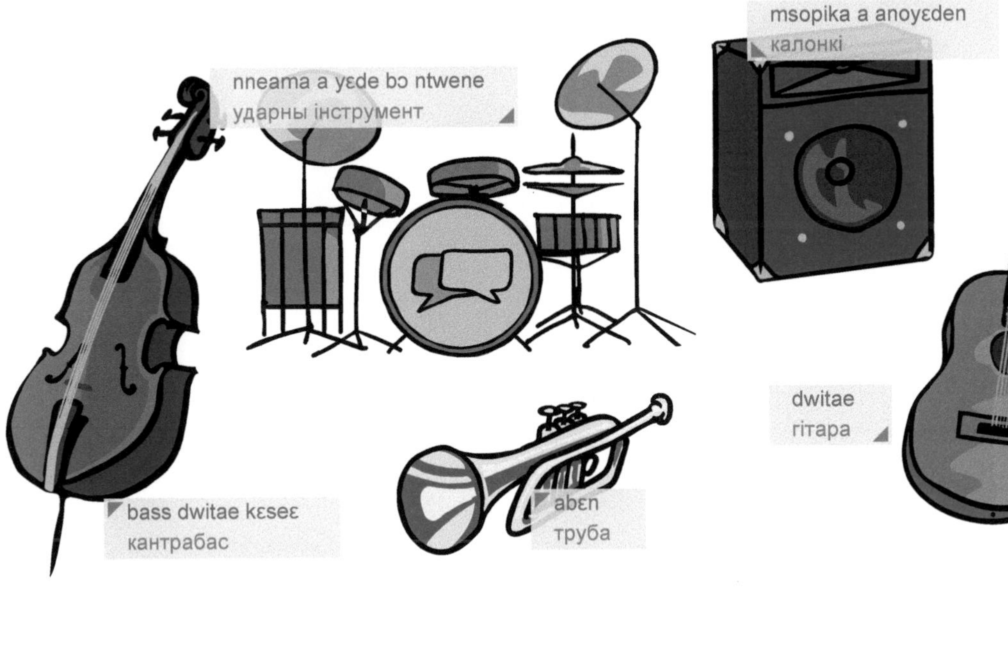

msopika a anoyɛden
калонкі

nneama a yɛde bɔ ntwene
ударны інструмент

dwitae
гітара

bass dwitae kɛseɛ
кантрабас

abɛn
труба

sankuo

піяніна

ahoma sankuo

скрыпка

bass dwitae

басгітара

atumpan

літаўры

ntwene

барабан

ntwerɛeɛ apa

клавішны электрамузычны інструмент

saksofon

саксафон

atentenbɛn

флейта

maikrofon

мікрафон

zoo

заапарк

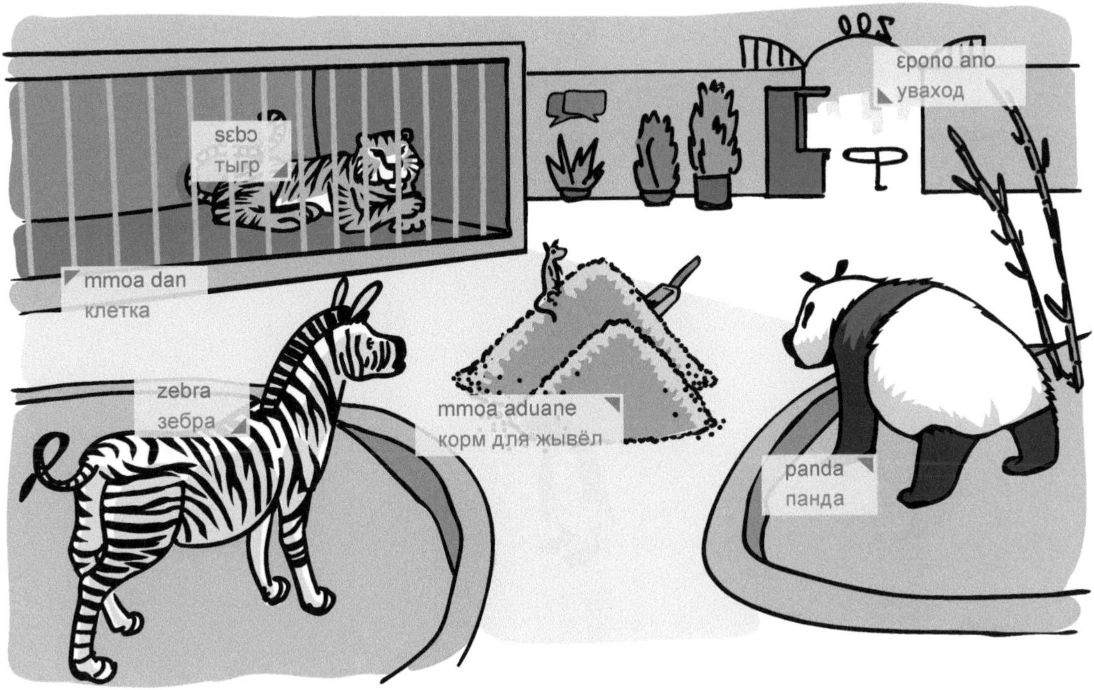

ɛpono ano
уваход
sɛbɔ
тыгр
mmoa dan
клетка
zebra
зебра
mmoa aduane
корм для жывёл
panda
панда

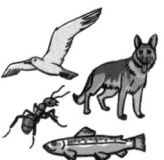

mmoa

жывёлы

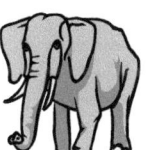

ɔsono

слон

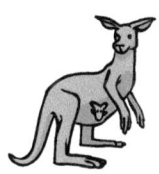

kangaru

кенгуру

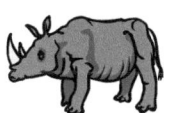

raino

насарог

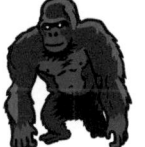

akatea

гарыла

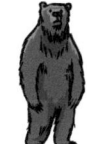

sisire

мядзведзь

afunupɔnkɔ

вярблюд

sohori

стравус

gyata

леў

adwee

малпа

flamingo

фламінга

ako

папугай

awɔ mu sisire

белы мядзведзь

penguin

пінгвін

oboodede

акула

akɔkonini abankwa

паўлін

wɔwɔ

змяя

dɛnkyɛm

кракадзіл

nnipa ɛhwɛ zoo so

наглядчык заапарка

nsuo mu gyata

цюлень

sebɔ

ягуар

pɔnkɔ ba

поні

etwie

леапард

susuono

бегемот

kɔntenten

жыраф

ɔkɔdeɛ

арол

kɔkɔte

дзік

apataa

рыбак

sudandan

чарапаха

walrus

морж

sakraman

ліса

ɔtwee

газель

zoo - заапарк

Amerikafoɔ futbɔɔlo
амерыканскі футбол

skre twie
веласпорт

tennis
тэніс

basketbɔɔlo
баскетбол

nsuom adwareɛ
плаванне

akutruku
бокс

asukɔkyea so hɔki
хакей з шайбай

futbɔl
футбол

badmintin
бадмінтон

mirikatuo
лёгкая атлетыка

bɔɔlo a yɛde nsa bɔ
гандбол

skii
горныя лыжы

polo
пола

huri
скакаць

bam
абдымаць

sere
смяяцца

nante
ісці

tɔ dwom
спяваць

so daeɛ
марыць

bɔ mpaeɛ
маліцца

fe ano
цалаваць

twerɛ
пісаць

dwi
маляваць

kyerɛ
паказваць

pia
націснуць

ma
даваць

fa
браць

nya

маць

уɛ

выконваць

уɛ

быць

gyina

стаяць

tu mirika

бегчы

twe

цягнуць

to

кідаць

tɔ fam

падаць

da hɔ

ляжаць

twɛn

чакаць

soa

насіць

tenase

сядзець

hyɛ ataadeɛ

апранацца

da

спаць

nyane

прачынацца

hwɛ

глядзець

su

плакаць

san ho

лашчыць

nunum

прычэсвацца

kasa

гаварыць

te aseɛ

разумець

bisa

пытаць

tie

чуць

nom

піць

didi

есці

yɛ nsiesie

прыбіраць

ɔdɔ

кахаць

noa

гатаваць

twi

ехаць

tu

лятаць

fa nsuo so

плаваць пад ветразем

sese

лічыць

kenkan

чытаць

sua

вучыць

adwuma

працаваць

ware

уступаць у шлюб

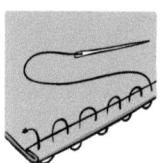

pam

шыць

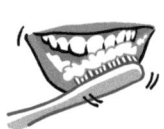

twitwiri wo se

чысціць зубы

kum

забіваць

nom gyot

курыць

mane

пасылаць

nana baa
бабуля

nana barima
дзядуля

papa
бацька

maame
маці

abɔdoma
дзіця

ba baa
дачка

ba barima
сын

ɔhɔhoɔ
госць

sewaa
цётка

wɔfa
дзядзька

nua barima
брат

nua baa
сястра

nipadua

цела

moma
лоб
ani
вока
abɛtire
плячо
nsatea
палец
anim
твар
apantan
падбародак
nsa
рука
nufoɔ
грудзі
ɛnan
нага
nsa
рука

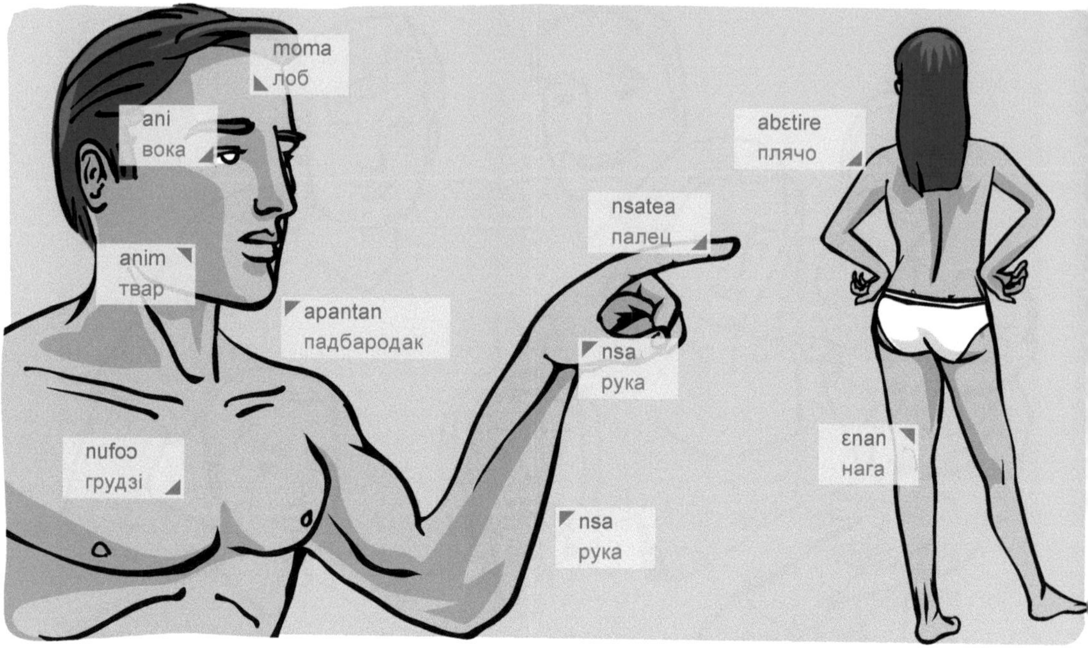

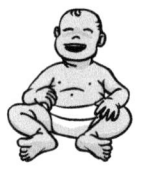

abɔdoma

дзіця

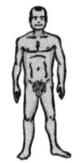

barima

мужчына

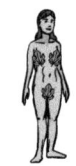

ɔbaa

жанчына

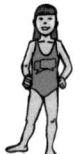

abayewa

дзяўчынка

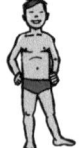

abarimawa

хлопчык

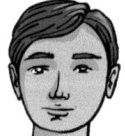

etire

галава

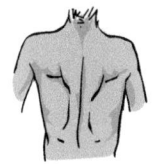

akyi

спіна

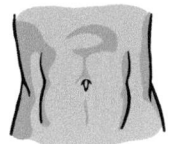

afro

жывот

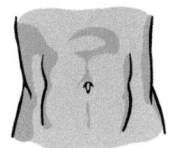

fruma

пуп

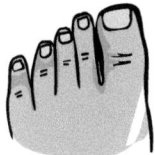

nansoa

палец нагі

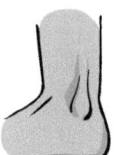

nantini

пятка

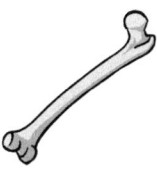

dompe

костка

ataasɔɔ

бядро

kotodwe

калена

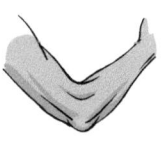

abatwɛ

локаць

ɛhwene

нос

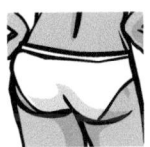

ɛtoɔ

ягадзіца

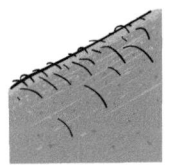

wedeɛ

скура

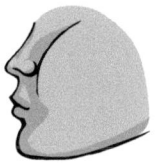

afono

шчака

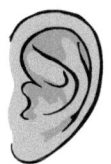

aso

вуха

ano

губа

anom

рот

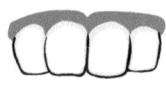

ɛsee

зуб

tɛkyerɛma

язык

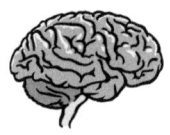

adwene

галаўны мозг

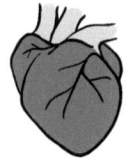

akoma

сэрца

ntini

мышца

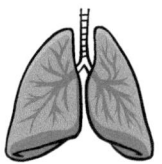

aharawa

лёгкае

brɛbɔɔ

пячонка

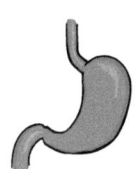

yafunu

страўнік

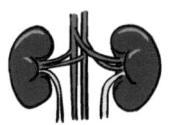

asaa

ныркі

nna

сэкс

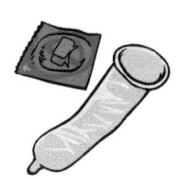

kɔndɔm

прэзерватыў

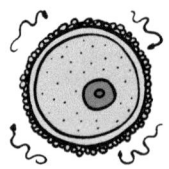

ɔbaa nkosua

яйцаклетка

barima ho nsuo

сперма

nyinsɛn

цяжарнасць

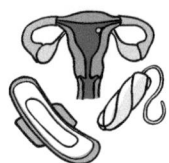

nsabuo

менструацыя

ɛtwɛ

похва

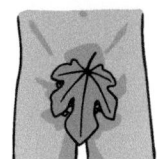

kɔteɛ

пеніс

anintɔn

брыво

enwin

валасы

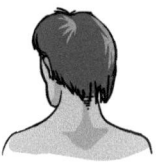

ɛkɔn

шыя

ayaresabea

шпіталь

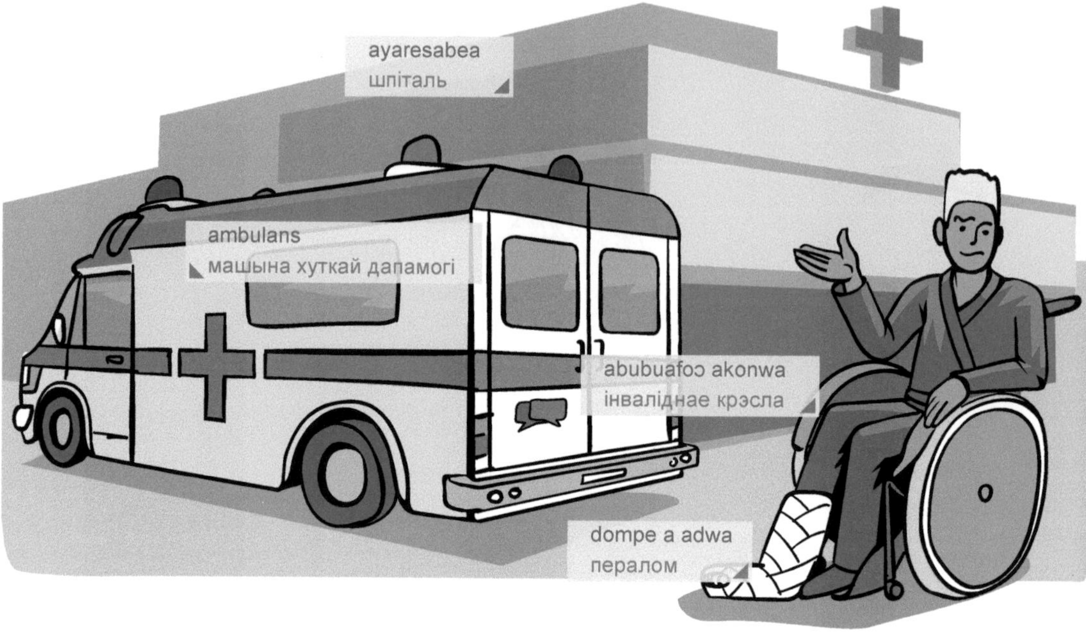

ayaresabea
шпіталь
ambulans
машына хуткай дапамогі
abubuafoɔ akonwa
інваліднае крэсла
dompe a adwa
пералом

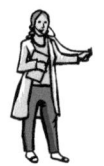

dɔkota
доктар

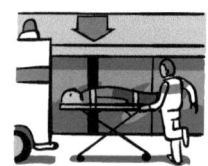

ɛdan a wɔde putupru nsɛm kɔmu
аддзяленне першай дапамогі

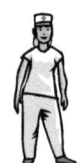

nɛɛse
медсястра

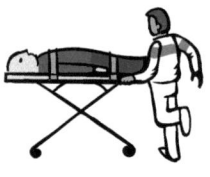

putupru
экстраная дапамога

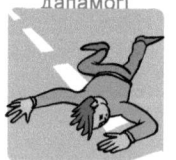

wɔ atwa ahwe
непрытомны

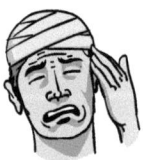

yea
боль

epira

траўма

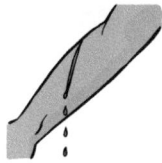

mogyatuo

крывацёк

akoma yarenini

інфаркт

stroke yarɛ

апаплексія

allegyi

алергія

ɛwa

кашаль

ahɔɔhyeɛ

гарачка

papu

грып

ayamtuo

панос

tipaeɛ

галаўны боль

kokoram

рак

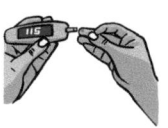

asikyire yareɛ

дыябет

dɔkota a ɛyɛ ɔprehyɛn

хірург

skapɛl sekan

скальпель

ɔprehyɛn

аперацыя

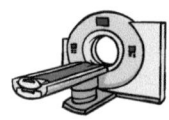

CT

KT

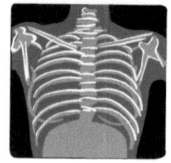

x-ray

рэнтген

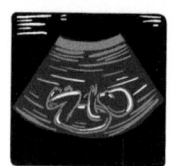

ultrasound

ультрагук

nkatanim

маска

yareɛ

хвароба

ɛdan a wɔ twɛn mu

пачакальня

krɔhyes

мыліца

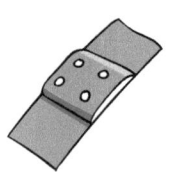

plasta

пластыр

banege

бінт

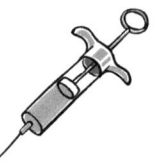

paneɛ

ін'екцыя

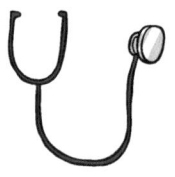

Stetoskop

стэтаскоп

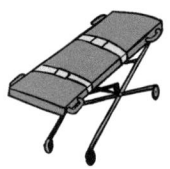

ahomankaa

насілкі

afidie a esusu ahoɔhyeɛ

градуснік

awoɔ

нараджэнне

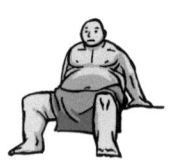

kɛseɛ mmorosoɔ

лішняя вага

afidie a ɛboa asɛmtie

слухавы апарат

aduro a ekum mmoawa

дэзінфекцыйны сродак

yareɛ a mmoawa deba

інфекцыя

vaarɔs

вірус

HIV / AIDS

ВІЧ/СНІД

aduro

лекі

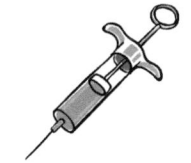

aduro a esi yareɛ ano

прышчэпка

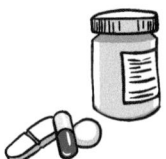

aduro tablɛte

таблеткі

topaeɛ

супрацьзачаткавая таблетка

ɔfrɛ wɔ putupru so

экстраны выклік

afidie a esusu mogya mmrosoɔ

танометр

yareɛ / apomuden

хворы / здаровы

Boa me!

Ратуйце!

kɔkɔbɔ

сігналізацыя

ɛbɔrɔ

напад

ato ahyɛ obi so

атака

ɛyɛ hu

небяспека

baabi a yɛfa de pue putupru so

аварыйны выхад

Ogya!

Пажар!

afidie a yɛde dumgya

вогнетушыцель

nkwanhyia

аварыя

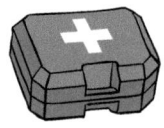

nneɛma yɛde sɔ yareɛ ano

аптэчка

SOS

СОС

polisi

паліцыя

Yuropo

Еўропа

Amerika atifi

Паўночная Амерыка

Amerika ananfoɔ

Паўднёвая Амерыка

Abiberm

Афрыка

Asia

Азія

Australia

Аўстралія

Atlantik

Атлантычны акіян

Pasifek

Ціхі акіян

India po kɛseɛ

Індыйскі акіян

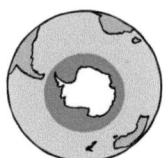

Antaatek po keseɛ

Паўднёвы ледавіты акіян

Aatek po kɛseɛ

Паўночны ледавіты акіян

Ewiase atifi

Паўночны полюс

Ewiase anaafɔ

Паўднёвы полюс

Antaatek

Антарктыда

Ewiase

Зямля

asaase

краіна

ɛpo

мора

supɔ

востраў

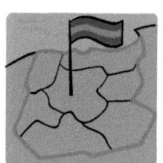

ɔman

нацыя

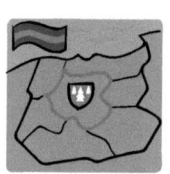

ɔman

дзяржава

kloko no anim

цыферблат

dɔnhwere nsa no

гадзінная стрэлка

sima nsa

хвілінная стрэлка

anitɛtɛ nsa no

секундная стрэлка

Abɔ sɛn?

Колькі часу?

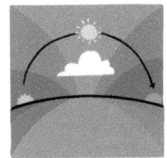

da

дзень

berɛ

час

seeseiara

зараз

wkye a nɔma wɔ so

электронны гадзіннік

sima

хвіліна

dɔnhwere

гадзіна

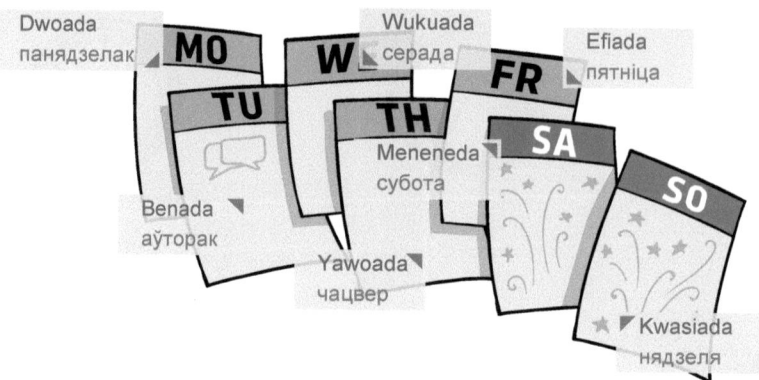

Dwoada — панядзелак
Wukuada — серада
Efiada — пятніца
Benada — аўторак
Meneneda — субота
Yawoada — чацвер
Kwasiada — нядзеля

ɛnora

ўчора

ɛnora

сёння

ɔkyina

заўтра

anɔpa

раніца

prɛmtobrɛ

абед

anwumerɛ

вечар

MO	TU	WE	TH	FR	SA	SU
1	2	3	4	5	6	7
8	9	10	11	12	13	14
15	16	17	18	19	20	21
22	23	24	25	26	27	28
29	30	31	1	2	3	4

adwuma nna

працоўныя дні

MO	TU	WE	TH	FR	SA	SU
1	2	3	4	5	6	7
8	9	10	11	12	13	14
15	16	17	18	19	20	21
22	23	24	25	26	27	28
29	30	31	1	2	3	4

nnawɔtwe awieɛ

выхадныя

afe

год

nsutɔ
дождж
nyankontɔn
вясёлка
asukɔkyea
снег
mframa
вецер
nsutɔbrɛ
вясна
autumnbrɛ
восень
awiabrɛ
лета
awɔbrɛ
зіма

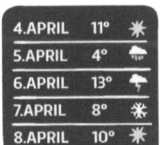

4.APRIL 11°
5.APRIL 4°
6.APRIL 13°
7.APRIL 8°
8.APRIL 10°

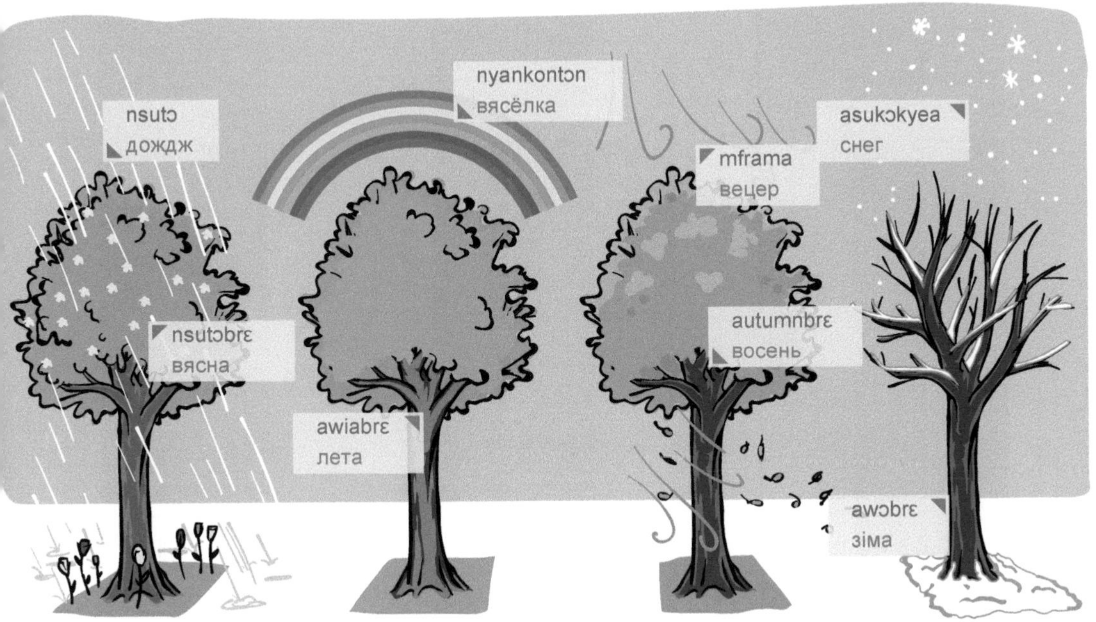

ewiem nsakrɛeɛ

прагноз надвор'я

F
C
120
90
60
30
0
-30
40
30
20
10
0
-10
-20

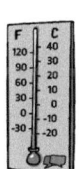

afidie a esusu ade ho hyeɛ

градуснік

awiabɔ

сонечнае святло

munukum

воблака

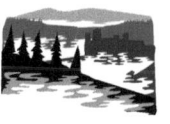

ɛbɔ

туман

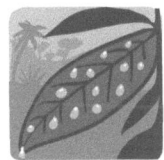

ewiem nsuo

вільготнасць паветра

ayerɛmo

маланка

apranaa

гром

ehum

бура

asukɔkyea

град

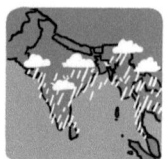

monsoonbrɛ

мусонны вецер

nsuyiri

прыліў

aise

лёд

ɔpɛpɔn

студзень

ɔgyefoɔ

люты

ɔbɛnem

сакавік

Oforisuo

красавік

Kotonimaa

май

Ayɛwohomumu

чэрвень

Kitawonsa

ліпень

ɔsanaa

жнівень

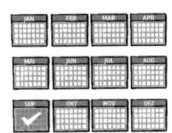

ɛbɔ
....
верасень

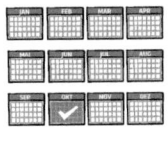

Ahinime
....
кастрычнік

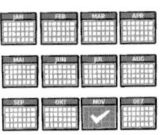

Obubuo
....
лістапад

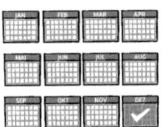

ɔpɛnimaa
....
снежань

kanko
....
круг

sokwɛɛ
....
квадрат

rɛktangel
....
прамавугольнік

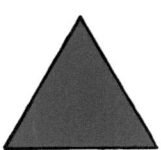

triangel
....
трохвугольнік

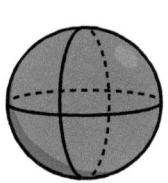

krukruwa
....
шар

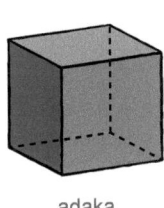

adaka
....
куб

fitaa

белы

akokɔ sradeɛ

жоўты

ankaa

аранжавы

pink

ружовы

kɔkɔɔ

чырвоны

pɛpol

фіялетавы

bruu

сіні

ahaban mono

зялёны

braun

карычневы

nson

шэры

tuntum

чорны

pii / ketewa

шмат / мала

wo boafu / wɔ adwo

злы / добры

ɛyɛ fɛ / ɛyɛ tan

прыгожы / брыдкі

ahyɛseɛ / awieɛ

пачатак / канец

kɛseɛ / esua

высокі / малы

ɛha / esum

светлы / цёмны

nuabarima / nuabaa

сястра / брат

ɛho te / ayɛ fin

чысты / брудны

awie / enwieɛ

поўны / няпоўны

awia / anadwo

дзень / ноч

awu / ɛte ase

мёртвы / жывы

emubae / ɛyɛ tea

шырокі / вузкі

yɛde /yɛnni

ядомы / неядомы

bɔne / tema

злы / добры

wɔ aniagye / wɔ ani nka

узбуджаны / нудны

ɔso / teatea

тоўсты / тонкі

edikan / etwatoɔ

першы / апошні

adamfoɔ / atamfo

сябар / вораг

ayɛ mma / hwee nim

поўны / пусты

ɛdenden / mmerɛ mmerɛ

цвёрды / мяккі

ɛyɛ duru / ɛyɛ ha

важкі / лёгкі

ɛkɔm / nsukɔm

голад / смага

yareɛ / apomuden

хворы / здаровы

etia mmara / ɛwɔ mmara mu

нелегальны / легальны

nyansa / gyimi

разумны / дурны

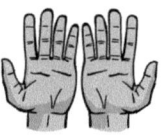

benkum / nifa

левы / правы

ɛbɛn / akyire

побач / далёка

foforɔ / dada

новы / былы ва ўжыванні

hwee / biribi

нічога / нешта

wɔ anyini/ ɔsua

стары / малады

sɔ /dum

укл / выкл

bue / tom

адчынены / зачынены

dinn / dede

ціхі / гучны

ɔdefoɔ / ohia

багаты / бедны

nifa / benkum

правільна / няправільна

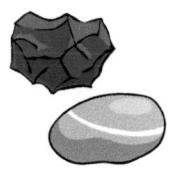

werewerɛwerewerɛ /
trontron

шурпаты / гладкі

awerɛhoɔ / anigyeɛ

сумны / шчаслівы

tietia / tenten

кароткі / доўгі

nyaa / ntɛm

павольны / хуткі

afɔ / cwɔ

вільготны / сухі

dedɛɛdeɛɛ / adwo

цёплы / халаднаваты

akoo / asomdweɛ

вайна / мір

0

hwee

нуль

1

baako

адзін

2

mienu

два

3

meɛnsa

тры

4

ɛnan

чатыры

5

enum

пяць

6

nsia

шэсць

7

nson

сем

8

nwɔtwe

восем

9

nkron

дзевяць

10

edu

дзесяць

11

du-baako

адзінаццаць

12

du-mienu

дванаццаць

13

du-meɛnsa

трынаццаць

14

du-nan

чатырнаццаць

15

du-num

пятнаццаць

16

du-nsia

шаснаццаць

17

de-nson

сямнаццаць

18

du-nwɔtwe

васямнаццаць

19

du-nkron

дзевятнаццаць

20

aduonu

дваццаць

100

ɔha

сто

1.000

apem

тысяча

1.000.000

ɔperem

мільён

Brɔfo

англійская

Amerikafoɔ Brɔfo

англійская (Амерыка)

Chainfoɔ Mandarin

кітайская мандарынская

Hindi

хіндзі

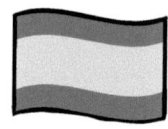

Spainfoɔ kasa

іспанская

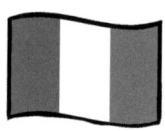

French kasa

французская

Arabia kasa

арабская

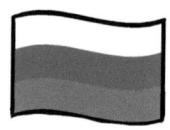

Russianfoɔ kasa

руская

Portugalfoɔ kasa

партугальская

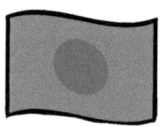

Bengali

бенгальская

Germanfoɔ kasa

нямецкая

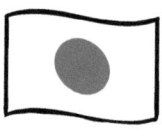

Japanfoɔ kasa

японская

Me

я

wo

ты

ono

ён / яна / яно

yɛn

мы

wo

вы

ɔmmo

яны

hwan?

хто?

deɛ bɛn?

што?

ɛyɛ deɛn?

як?

ehen?

дзе?

dabɛn?

калі?

edin

імя

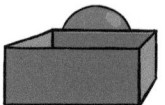

akyire

за

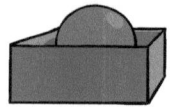

emu

у

anim

перад

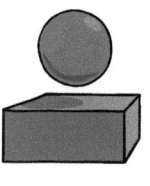

ɛsoro

над

ɛso

на

aseɛ

пад

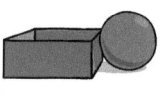

nkyɛn

каля

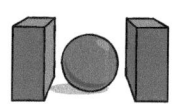

ntɛm

паміж

beaɛ

месца

School

escola

Klassenstuuv
classe

delen
dividir

186/2

Tafel
tauler

Schoolhoff
pati (de l'escola)

Schoolmeester
professor

Papeer
paper

schrieven
escriure

Sticken
estilogràfica

Schrievdisch
escriptori

Lienholt
regle

Book
llibre

Schöler
estudiant

Ranzel

bossa

Feddermapp

estoig

Bleesticken

llapis

Scharpmaker

maquineta de fer punta

Radeergummi

goma

Tekenblock

bloc de dibuix

School - escola	2
Törn - viatge	5
Transport - transport	8
Stadt - ciutat	10
Landschop - paisatge	14
Spieslokal - restaurant	17
Supermarkt - supermercat	20
Drünk - begudes	22
Eten - menjar	23
Buernhoff - granja	27
Huus - casa	31
Wahnstuuv - sala d'estar	33
Köök - cuina	35
Baadstuuv - bany	38
Kinnerstuuv - cambra de nen	42
Tüüch - roba	44
Büro - oficina	49
Weertschop - economia	51
Profeschonen - oficis	53
Warktüüch - eines	56
Musikinstrumenten - instrument de música	57
Deertenpark - zoo	59
Sport - esports	62
Aktivitäten - activitats	63
Familje - família	67
Lief – cos	68
Krankenhuus - hospital	72
Nootfall - urgència	76
Eerd - terra	77
Klock - rellotge	79
Week - setmana	80
Johr – any	81
Formen - formes	83
Farven - colors	84
Gegendelen - oposats	85
Tallen - nombres	88
Spraken - llengües	90
wokeen / wat / wo - qui / què / com	91
wo - on	92

Impressum
Verlag: BABADADA GmbH, Nedderfeld 112 , 22529 Hamburg
Geschäftsführer / Verlagsleitung: Harald Hof
Druck: Books on Demand GmbH, In de Tarpen 42, 22848 Norderstedt

Imprint
Publisher: BABADADA GmbH, Nedderfeld 112 , 22529 Hamburg, Germany
Managing Director / Publishing direction: Harald Hof
Print: Books on Demand GmbH, In de Tarpen 42, 22848 Norderstedt